大学生のための
ウェブ調査入門
――社会科学からみた設計と実装――

吉村治正　増田真也　正司哲朗

慶應義塾大学出版会

目　次

イントロダクション
社会科学という視点からウェブ調査をみる 5
  1　急速に普及する「ウェブ調査」 5
  2　社会科学と「一般化可能性」 6
  3　「調査の技術」という課題 7
  4　ウェブ調査の技術は発展途上 8

第1章　ウェブ調査のアウトライン 10
  1　3つのウェブ調査 10
  2　ウェブ調査の経費 14
  3　「職業的回答者」という問題 15
  4　クレーム処理の回避 17
  5　ウェブ調査のアプリケーション 18
  6　回収後の作業 24

第2章　科学論とウェブ調査 27
  1　科学と科学的思考 27
  2　科学的に考えることの難しさ 28
  3　因果関係のとらえ方 30
  4　社会科学のデータに求められる要件 32
  5　標本誤差と非標本誤差 34
  6　ランダムな誤差と体系的な誤差 37
  7　調査が「うまい」人、「へたな」人 38

第 3 章　標本の構成 ……………………………………………… 41

1　母集団推定 …………………………………………………… 41
2　「単純無作為抽出」の難しさ ………………………………… 44
3　網羅誤差——旧来的な調査法の場合 ………………………… 45
4　網羅誤差——ウェブ調査の場合 ……………………………… 48
5　ウェブ調査の標本抽出台帳 …………………………………… 49
6　割り当て抽出 …………………………………………………… 52
7　標本抽出型ウェブ調査の回答率 ……………………………… 55
8　二群比較 ………………………………………………………… 59
9　無作為割付 ……………………………………………………… 61
10　交絡要因 ………………………………………………………… 62
11　「すでに存在する差異」 ………………………………………… 63
12　二群比較におけるウェブ調査のメリット …………………… 65
13　回答が信用できるか？ ………………………………………… 65
14　最小限化 ………………………………………………………… 67

第 4 章　測定のしかた …………………………………………… 69

1　4 つの尺度 ……………………………………………………… 69
2　尺度の置き換え ………………………………………………… 71
3　回答の形式 ……………………………………………………… 74
4　合計得点尺度の構成 …………………………………………… 88
5　質問項目の並べ方 ……………………………………………… 90
6　ウェブ調査に特有な測定の問題とその対処 ………………… 92

第 5 章　実　践 …………………………………………………… 99

1　回答者の自発的な協力を引き出す …………………………… 99
2　依頼状の作成 …………………………………………………… 100
3　質問項目の並べ方 ……………………………………………… 106
4　質問文の作り方 ………………………………………………… 107

5	Google Forms で回答画面を作成するときの留意点	110
6	回答のパターンとその設定の仕方	112
7	回答分岐	117
8	実査前のチェック	124
9	Forms のデータファイルの変換作業	126

第6章　セルフ型ウェブ調査の実装 … 134

1	セルフ型ウェブ調査とは	134
2	ウェブ調査の実装環境	136
3	ウェブ調査のためのQR コード、ユーザID／パスワードの発行	142
4	画面設計	144
5	ウェブ調査の実装におけるセキュリティ問題	154
6	データベースの構造とセキュリティ	157
7	回答分岐の実装	162
8	実装に関するまとめ	165

コラム①　調査票？　質問紙？　アンケート用紙？ … 26
コラム②　帰納と演繹 … 40
コラム③　不注意回答者？　不正回答者？ … 97

参考文献一覧 … 167
索引 … 171

・本書に記載されている会社および製品、サービス等の名称は、各社の商標または登録商標です。本文中では ™、® は省略しています。
・本書は2024 年12 月現在で公開されているOS、およびアプリケーション等に基づいて解説しています。今後のアップデートや仕様変更などにより、記載のとおりに操作できなくなる可能性がありますのでご了承ください。

イントロダクション 社会科学という視点からウェブ調査をみる

1 急速に普及する「ウェブ調査」

　本書はウェブ調査の入門書として、社会科学を志す者が自身の研究を進めるにあたりそのデータを自ら集めるとなったときに、その羅針盤となることを目的としている。近年、ウェブ調査は大流行で、インターネットなどを見るとウェブ上でアンケートをして集計結果をまとめた記事が大量に目につく。「好きな芸能人ランキング」「住みたい街ランキング」などの、いわゆるランキングサイトもそうだし、ウェブ上で模擬投票させて選挙の予想をしているサイトもたくさんある。もっと身近なところでも、たとえば、ほとんどの大学では授業の満足度調査をウェブ上で行っている。筆者らは大学に所属する研究者だが、これまでは学会関係・助成金関係の意向調査などは郵便で送られてきていた。これらは結構な数があったのだが、この数年で、すべて電子メールで連絡がきてウェブ上で回答するようになった。そうした時代だからこそ、ウェブアンケートのマニュアル本が次々に出版され、さらにこうした内容を記載したウェブサイトがそれこそ星の数ほどある。「あなたでもできるウェブアンケート」といったキャッチフレーズはいくらでも目につく。

　こうした情勢で、筆者らが本書を執筆するに至ったのは、こうした諸

説諸論を社会科学という観点から整理しなおす必要性を感じたからである。この10年でウェブ調査を扱う事業者は爆発的に増加しており、いまやビッグビジネスといってよい。だが、こうした興隆のほとんどはビジネス需要、つまりマーケティング調査によるものである。社会科学など学術研究目的の利用の占める割合は、ほんのわずか、微々たるものでしかない。したがってネット上で活況を呈しているウェブ調査のノウハウサイトも、ほぼすべてマーケティング調査での利用を念頭においたものである。

2 社会科学と「一般化可能性」

　だが、社会科学で調査データを用いるためには、特有の要件が求められる。それは、「一般化可能性」という言葉で表現できる。科学は個別にとらわれない。後述するろうそくの実験でも、1本のろうそくの火が目の前で消えたことが問題なのではなく、同じことを何度やっても同じように消える、どのろうそくで試しても同じように消える、実験をしている人が誰であっても同じように消えることが、科学的関心の対象となる。同様に、社会科学の場合、特定の個人がどのように考えているか、どのように行動したかは問題とならない。同じような状況におかれた多くの人が同じように考えているということ、異なる状況におかれていても同じ刺激を与えられた多数の人が同じような反応をしたということが関心の対象となる。特定の個人ではなく一般化された人間を明らかにするのが社会科学の目的であり、この目的に合致するようなデータを集め分析するのが社会科学という営為なのである。

　原理としていえば、この一般化を行うためには、データの収集に際して「無作為抽出」と「無作為割付」のどちらかが行われていることが必要となる。だが、社会科学の実際の研究でも、このいずれか一方を満たしていることはあまりない。言葉で言うのはたやすいが、実際の社会科学の現場は様々な状況の中で様々な制約を受けるので、これらを具体的に実現するのは非常に難しい。そのため、これら2つの原理のどちらか

に可能な限り近似したやり方を工夫することになる。うまく工夫して原理の状態に近づいたと判断されると、その調査で得たデータの分析結果も一般化可能性が高く信頼に値するものと評価される。反対に、原理の状態からは程遠いと判断された場合は、そのデータを分析した結果も評価が低くなる。

3 「調査の技術」という課題

　ウェブ調査を初めて実施するという場合、大学生であれば、おそらく卒業論文などの作成のために先生の許可を得て同じ大学の学生に回答を求めるのではないか。あるいは調査実習などの授業で、先生が協力をとりつけてくれたボランティア団体などに回答を求めることもあるかもしれない。大学院修了間近の人や、修了し研究者としての第一歩を踏み出した人であれば、専門の事業者に委託して登録モニター型ウェブ調査（後述）を実施する機会を得ることもあるだろう。あるいは地方自治体に就職し、そこで住民意識調査などを手掛けることになるかもしれない。さらには、研究活動を進める中で登録モニター型のデータでは不十分と判断するようなこともあるだろう。そうなれば、自ら標本抽出型ウェブ調査を企画することになる。

　一口にウェブ調査と言っても、その実施の仕方は様々である。そして、これらのうち、どれが正しいウェブ調査でどれが間違ったウェブ調査かという議論は意味がない。これは、大学生を調査して得られた結果には科学的価値がない、ということではない。専門の業者に委託して行った調査結果であれば科学的である、ということでもない。後述するように、大学生を調べて科学的に有用な知見を得られることもある。他方、ウェブ調査事業者に委託して行う調査であっても、社会科学という観点からして未解決な問題は少なくない。大切なのは、調査を実施した具体的な状況の中で、それによって得られたデータにどのような制約が生じているかを理解していること、その制約の中でどこまで一般化し得る議論が展開できるかということである。そして、この一般化可能性はどのよう

に工夫することで高められるのか、さらに、できるだけ正確な情報を可能な限り効率的に収集するにはどうすればよいか、このいわば「調査の技術」とでもいうべき課題をめぐり、社会科学に携わる者は不断の努力を続けているのである。

4　ウェブ調査の技術は発展途上

　本書で扱うのは、この調査の技術とでもいうものが、ウェブ調査という場面でどのように適用されているのかということである。社会科学者をとりまく環境の変化の中で、社会調査の技術も変遷を遂げてきた。100年前、識字率がまだ低い時代に調査員が口頭で家族構成や所得水準を聞き出していた時代には、どうやって調査対象者を探し当てるか、どういう内容をどういう言葉づかいでどういう順序で聞いていけば正確な回答が得られるかといった具体的なノウハウを、数学だけでなく様々な領域の専門知識を動員し、試行錯誤を繰り返して積み上げていった。インターネットという技術革新によって生まれたウェブ調査も同じで、インターネットという、地理的な制約がないオンタイムのやりとりでありながらも誰と話しているかまったくわからないという不思議なコミュニケーションの場において、いかにして正確な情報を効率よく得るかというのは、未だ正解のはっきりしない部分を大量に含んでいる。

　本書を読んでいただくとわかるが、本書では、比較的もやもやとした表記になっているところが多い。もやもやしたというのは、こういうやり方はよく使われているがこういう場合にはこういう問題を起こしやすいとか、こういう計算はよく使われるがこういう場合になるとそのような計算をする根拠がわからなくなるとか、そういう書き方のことである。これは正しい、それは間違ったやり方であるとはなかなか言い切れない。それは要するにまだわからない部分が多くあり、それを少しずつ埋めていくのがこれからの社会科学を担う人たちの仕事となるということである。

　本書を読んで不満に思う人、納得しない人もいるはずである。そのよ

うに感じた人は、本書の記載のどこが不十分なのか、もっと効率的な方法はないのか、もっと正確な情報を得る手順はないのかを考えて、試して欲しい。そうした試行錯誤の積み重ねからウェブ調査は精度を増していき、それが社会科学を進歩させることになる。その点、本書を10年後20年後に手に取る人がいたとして、もしもその人が本書を眺めて鼻先で笑ってくれるとしたら、それは筆者らにとって最高の賛辞だと思っている。

第1章 ウェブ調査のアウトライン

　本章では、まずウェブ調査とはどのようなものかを概説する。本書でいうウェブ調査とは web survey もしくは online survey という英語に相当する活動、つまり集めたい情報を質問という形にして、これを調査対象者にオンライン上で回答してもらい、その回答を集計し分析することで事実関係を明らかにする活動を指す。ウェブを使った調査活動はこれだけではなく、たとえば特定のウェブサイトのアクセスログの分析、つまりどのような内容のサイトにどのようなタイミングでどのような人がアクセスしてきたのかを分析することもある。また、SNS などでどのような人のどのような発言に対してどのような人がどのように反応していったか、その発言内容を分析することもある。これらは重要な調査法ではあるが、本書の網羅する範囲を超えるので、とりあえず本書ではおいておく。つまり web survey に限定して話を進めていきたい。

1　3つのウェブ調査

　一般的にウェブ調査という場合、大きく次の3つをさす。

①**限定母集団型**。特定の集団や組織のメンバーについて知るために行うウェブ調査で、よく大学などで行われている授業評価アンケートや、企

業が従業員に対して行う配置転換希望調査、学会や会議の出席意向調査などがこれにあたる。このタイプは、調査をする側が対象となる全体を把握できていることが前提となる。たとえば授業評価アンケートであれば、どの先生のどの授業を履修している学生が誰なのかは大学が把握していて、その学生に一斉に電子メールで回答を求める。企業や学会の例でも同じである。そしてこのタイプは、組織や集団の外側にいる人には関心を持たない。ある大学である先生の授業を履修している人がどれぐらい授業に満足しているかを調べるとき、その先生の授業を履修していない人がどう感じているかはそもそも考える必要がない。また、ある企業の特定の部署で配置転換希望が多かったとしても、他の企業でも同じように配置転換希望が出ているかは関心を持つ必要がない。あくまで調べた範囲が関心の対象で、その外側がどうなっているかは関心の外にある。

②**登録モニター型**。関心の対象となる集団、知りたいと思う集団が非常に大きく、それを調査する側がすべて把握できていない場合に、そのうち接触できる一部分に対して調査を行うことで全体の姿を予測しようとするものを「標本調査」と呼ぶ。登録モニター型ウェブ調査はこの一形態で、この「接触できる一部分」を、調査を受託する事業者が「モニター」としてあらかじめ確保しておいた個々人によってあてるものをさす。ウェブ調査を業者に委託して実施する場合、受託する調査事業者は調査に回答してくれる人を事前に募っておき、これを「モニター」[1]として登録しておく。そして調査を受託すると、この登録されたモニターに対して電子メールで連絡し回答を依頼する。これは英語では opt-in web

---

[1] 英語ではモニターではなく panel という単語があてられる。したがって日本語で書かれた論文などでも「パネル」あるいは「ウェブパネル」という表現を使うことがある。ただし日本語でも英語でも、標本（sample）という単語を用いることはない。これに対して③の標本抽出型の場合は標本（sample）という言葉が使われる。これは訪問面接や郵送法など旧来型の調査法と同じ用語である。つまり②と③とは同じものとはみなされていないことに注意されたい。

survey と呼ばれ、日本では「登録モニター型ウェブ調査」の他に「公募型ウェブ調査」（山田編 2023）と呼ぶこともある。受託する前に調査対象者を確保しているため、受託から完了までの期間が短くて済むという特徴がある。

③標本抽出型。②の登録モニター型と同じく標本調査の一形態であるが、こちらは旧来的な調査法で用いられている標本抽出台帳から調査対象となる個々人を標本として抽出する。後述するが、訪問面接法や郵送法などの旧来的な調査法では、地方自治体（市町村）の管理する住民基本台帳や選挙人名簿から標本を抽出している。これらはその地域の居住者をきわめて高い精度で網羅しているが、電子メールアドレスは記載されていない。したがってこれらの台帳から抽出した調査対象者に接触するときは、電子メールではなく郵便などの方法を用いる。このタイプは調査対象者を厳密に特定する必要がある場合に行われるが、調査経費という点では旧来の調査法と同じ水準、つまり高額になる。

　さて、大学生や大学院生が先生の許可をもらって同じ大学の学生にウェブ調査を実施し、何らかの心理的傾向や行動特性、あるいは生活習慣を調べる場合、これは①から③のどれにあたるだろうか。皆さんの中で実際にこれを計画している人がいたら、よく自問して欲しい。というのは、①の限定母集団型は、一般的には科学的研究としてのウェブ調査には含まれない、つまり評価されないのである。なぜかというと、このタイプは、科学の要件となる一般化可能性を満たさないからである。

　大学生を調べるとき、目の前にいるその大学生しか見ようとしないのであれば、それは科学という営為とは認められない。ところが、調べている大学生の背後にもっと広いもの、世界中の大学生が共通して抱えている問題あるいは日本人という全体に共通する何かなどを見ようとしているのであれば、これは科学という営為になり得る。ただし、この場合は、見ようとしているもっと大きいものがどういう存在なのか、そして、見えているものが見ようとしている大きなものを代表しているとみなす

ためにはどのような条件が満たされる必要があるかをしっかり考える必要がある。あなたの目の前にいるクラスメートが日本に住む人の典型的な姿、平均的な人たちであると考えていいのか。もしそう言えるとしたらその根拠はどこにあるのか。また、もし典型的な姿から多少ずれているとすれば、それはどのような点についてであり、どういう人たちを探せばより典型的な姿に近づくと予想できるか。これらについて、これから本書で展開する議論を参考に考えていただきたい。

なお、巷でいう「ウェブアンケート」というのは、大半がこの限定母集団型である。社会人として働いていると、組織の中で合意を作ったり各人の都合を調整したりということが毎日のようにある。これまでは、各部署に紙の文書を回して1人1人に接触し、回答を集計することでそれを行っていた。それが、パソコン上で入力フォームを作って電子メールで一斉送信すれば済んでしまう、集計も自動でやってくれるというのは、作業効率という点でいえば革命的な技術革新である。だが、それは本書でいうウェブ調査とは別の事柄だと思ってほしい。

②の登録モニター型と③の標本抽出型については、学術利用も含め現在行われているウェブ調査のほとんどが、②の登録モニター型である。ただし登録モニター型は科学的知見を得るための手法としては、未解決な問題を少なからず有している。それは本書を読むと理解できる。そうした点では③の標本抽出型のほうが高い潜在力を持つが、残念ながら、学術利用を目的とする標本抽出型ウェブ調査はまだ調査法を専門とする研究者が試行的に行っている段階であり、その数もきわめて少ない（杉野・平沢 2024）。この点ではむしろ公的機関のほうが積極的に標本抽出型ウェブ調査に取り組んでいるといえよう。

なお公的機関が行う標本抽出型ウェブ調査は、統計調査と意識調査の両方の場合[2]を含め、実際には旧来的な調査法との組み合わせで行われ

---

[2] 官公庁など公的機関が行う調査は、人数や金額などを聞く統計調査と個々人の考え方や意見・態度などを聞く意識調査とに分けられている。このうち統計法が適用されるのは前者だけとされ、したがって内閣府が行う世論調査などは公的機関が行っていても法令の適用対象とはなっていない。このあたりについて

第1章　ウェブ調査のアウトライン　13

ている。たとえば国勢調査では、調査員が各世帯を訪問して配布する調査票の封筒に QR コードがついていて、調査票に直接書き込んで郵便で送るか、あるいは回答ページの URL が入った QR コードを読み込んでウェブ回答を行うか、どちらかを回答する側が選ぶことになっている。標本抽出型ウェブ調査だけが単体で行われることはほとんどない。これについては第 3 章で詳しく述べる。

2　ウェブ調査の経費

　②の登録モニター型ウェブ調査が圧倒的に多い理由としては、なによりも回答単価が安いということがあげられる（Callegaro et al. 2014）。筆者の経験からいうと、旧来的な調査法たとえば郵送法であれば、条件にもよるが回答 1 件あたりの調査経費はおおむね 1,500 〜 2,000 円ほど、状況によって回答率が低いとか催促が複数回必要などといった場合はもう少し高額になる。訪問面接法の場合は調査員の人件費が発生するので、回答 1 件あたりの単価は 1 万円を超えるといわれている。これに対し、登録モニター型ウェブ調査の場合、その仕様にもよるが、ウェブ回答画面の作成と回答サーバの利用料でおおむね 20 〜 50 万円、これに加えて回答者 1 人あたりの単価が、質問の数の多さにもよるがおおむね 300 〜 500 円ぐらいとなる[3]。なお、③の標本抽出型ウェブ調査の場合、標

は、大谷・盛山（2025）に詳しい記載がある。
[3] 登録モニター型ウェブ調査の実施を調査事業者に委託する場合、料金設定にかなり大きなばらつきがある。筆者らが登録モニター型を実施する場合は複数の事業者から見積もりをとるが、事業者によって見積金額に 2 倍を軽く超える差が出るのはめずらしくない。筆者らが聞き及んだ範囲でいえば、こうした事業所ごとの格差は、郵送調査や訪問面接調査でも顕著にみられるという。ただし、郵送や訪問面接の場合は事業者によって実施方法や手順が大きく違っていることが多く、またそれが見積書などを見ると比較的目につきやすい。ところが登録モニター型ウェブ調査の場合、実施条件や細部の手順、あるいは提供されるデータの範囲など、積算根拠がはっきりしないことが多い。そのため、高額な委託費を払えばより信頼のおける結果が得られるという一般的な期待が成立しない。これはかなり頭の痛い問題で、現状で有効な対処法も思いつかない。と

本抽出作業と調査対象者への郵送による接触までは旧来の郵送法と同じで、違うのは回答が郵便で送られてくるかウェブサーバに蓄積されるかだけなので、回答単価は郵送法と同じか、あるいは郵送法よりも高くなる。なぜ郵送法よりも回答単価が高くなるかは、この後で説明する。あまり知られていないが、実は標本抽出型ウェブ調査はコストパフォーマンスという点では決して効率的とはいえない方法である。

ともあれ、登録モニター型の回答単価の安さは、特に回答件数が多くなるほどはっきりしたメリットになる。上で触れた数字から、回答 500 件を想定した場合と 5,000 件を想定した場合の調査経費を計算してみて欲しい。もっとも単価の高い訪問面接法で回答 5,000 件を想定した調査は、実はほとんど行われていない。試算すればすぐにわかるが、調査経費の確保がきわめて困難だからである。社会学の領域で全国規模で行われる訪問面接調査として、大阪商業大学の実施する JGSS 調査がある。これは国際調査とリンクすることも多く社会学関係ではもっとも評価の高いものだが、これですら回答件数は 3,000 件程度に過ぎない。ところが、登録モニター型ウェブ調査で 3,000 件程度の回答を得ている調査はめずらしくない。実際、筆者らの共同研究者も、登録モニター型ウェブ調査を実施するために見積もりを依頼したところ、回答 3,000 件でわずか 100 万円程と見積もられてきて驚かされたという。このように、回答件数を多くとることが必要な場合、登録モニター型ウェブ調査は大きなアドバンテージとなる。

3 「職業的回答者」という問題

登録モニター型ウェブ調査がこれほど安価になる理由は大きく 2 つある。1 つは、同じ人に何度も回答を依頼するからである。旧来型の調査で住民基本台帳や選挙人名簿から標本を抽出する場合、調査が終了した

もかく、委託先の事業所を選定するときは、細部の条件を事前に問い合わせるなど、慎重に行う必要がある。

ら台帳や名簿から得たすべての個々人の情報を完全に消去しなければならない。したがって、調査を実施する際には、その都度、台帳の閲覧を行って新しく調査対象者のリストを作る必要がある。そしてこの作業に要する費用は、調査経費総額の中で決して小さくない割合を占める。これが旧来型の調査が高額になる理由の1つである。これに対して、登録モニター型ウェブ調査では、モニターとして登録した人に対して複数の調査への回答を依頼する。調査の依頼を受けるたびにモニターを登録から消去しては新規に集め直すということはしない。同じ人に何度も依頼することで、回答者の確保に要するコストを最小限に抑えているのである。

　登録モニター型が安価になる第二の理由は、モニターへの連絡に要する経費が極端に安いからである。標本抽出型の場合、調査対象者への依頼は一般的に郵便を用いる。郵送料は発送1件につきいくらという価格設定なので、依頼を行う件数を増やせばそれに比例して通信費が上昇する。これに対して登録モニター型の場合は、モニターに電子メール（近年はSNSを使うところもある）で依頼を行う。電子メールは何件送っても連絡に要する経費は変わらない。100件に依頼をしようと1,000件に依頼をしようと10,000件であろうと経費は同じ、つまりゼロである。したがって登録モニター型の場合、依頼件数を少なくする理由がない。大量のモニターに一斉に依頼のメールを送り、早く反応した人から先着順に回答を受け付けるという方法を採用している。

　他方、モニターとして登録した人から見れば、一度登録すると次々に回答依頼が届くことになる。そして1回答えるごとに謝礼をもらえる。まめに電子メールをチェックし何度も答えていれば謝礼は積みあがっていき、ちょっとした小遣い稼ぎになる。実際には、モニターとして登録した人が回答の依頼にいつも応えてくれるとは限らない。海外の事例では、回答の依頼を送った人のうち回答してくれたのは数パーセント程度だったという報告もある（Tourangeau et al. 2013）。つまり、モニターとして回答してくれる人は、実際にはそれほど多くないと考えられる。すると、いろいろな調査にいつも同じ人が答えるということが起こる。こ

のような人のことを職業的回答者（professional respondent）という。

　ところが、この職業的回答者、つまり謝礼をもらうことを目的にして頻繁にウェブ調査に回答する人については、決して肯定的に評価されていない。金銭目的で何度でも回答する人はきちんと考えて答えないだろう、そういう人から得られる情報は正確ではないだろう、という思い込みは、調査を委託する研究者だけでなく、これを受託する調査事業者も持っている。これはモニターの集め方（第3章参照）を考えるときわめて奇妙なことである。だが実際に、職業的回答者に典型的にみられる、金銭的報酬を目的としたいい加減（不正確）な回答、つまり「不正回答」をどうやって排除するかということが盛んに議論されている。ちなみに、本当に職業的回答者の回答が不正確かどうかについては、未だはっきりとした結論は得られていない（Callegaro et al. 2014）。この点については、第4章で触れる。

4　クレーム処理の回避

　登録モニター型ウェブ調査が好まれるもう1つの理由として、調査対象者からのクレームに対応する必要がないという点がある（杉野・平沢 2024）。標本抽出型ウェブ調査を含め、標本抽出を伴う調査では、調査される側は自分が調査対象者に選ばれたということを知らない。知っているのは、突然見ず知らずの人が訪ねてきて、あるいは見ず知らずの団体から手紙が来て、細かなことを次々に聞かれているということだけである。そのため、不審がられて時にはクレームといった事態になることもある。ただ実際には、それほどクレームの発生率は高くない。筆者らの経験でいえば、ある程度の経験を持つ人が陣頭指揮をとった場合、1,000件に協力を依頼してせいぜい2、3件から文句を言われれば多いほうである。だが、クレームへの対応というのは、調査をする立場にとっては大きなプレッシャーであることは間違いない。そういった事情を知っている人にとって、標本抽出と調査対象者への接触を自分でしない、あらかじめ承諾してくれた人だけを対象にできる、したがって個人から

のクレームに対応する必要もないというのは、大変な魅力である。

5 ウェブ調査のアプリケーション

　ウェブ調査を行うためには、①回答者の確保、②回答画面の作成、③回答システム管理の3つが必要となる。まず調査対象者、つまり質問をする相手を特定し、その人たちをウェブ上に設定された回答画面まで誘導する。そして聞きたい内容を画面上に配置し、回答してもらう。さらに回答された内容をサーバに保存し、それを集計・分析するためにデータとしてダウンロードする、という流れである。②の回答画面を作成するためには HTML を書く必要があり、また回答を受け付けるウェブサーバも用意しなければならない。これらの作業を、すべて自分たちで行うこともできる。本書も、最終的にはそこまでできることを念頭において執筆されているが、現実にそこまでやる必要があるかと問われると、筆者らとしても必ずしも肯定しない。実際、回答画面を簡単に作成できるアプリケーションあるいはツールも数多く流通しているし、回答者の確保やウェブサーバの管理を代行してくれる事業者も多数存在する。自分たちの力では難しい部分は外部の事業者に委託すればいい。今日、ウェブ調査がここまで日常的に行われるようになったのは、これらを行うアプリケーションあるいはツールが一般に広く普及し、さらにはビジネスとしてそれを代行する事業者が多数現れたからである。

　さて、ウェブ調査を実施するためのアプリケーションを大きく分けると、以下のようになる。

A. グループウェア型。組織内の業務管理を行うグループウェアの一部にウェブ調査を実施するモジュールが用意されている場合がこれに該当する。典型的には Google Workspace というグループウェアに搭載された Forms というアプリが、この例である。これは多くの教育機関に導入されているシステムであり、大学生にはなじみが深いだろう。この他にも、企業で使われるグループウェア、たとえば Kintone（サイボウズ

株式会社）などにもウェブ調査を行うモジュールが入っている。前項の限定母集団型のウェブ調査、たとえば大学の特定の授業を履修している学生を対象に行う授業満足度アンケートや企業が従業員に対して行う職場ストレス調査などは、ほとんどがこのグループウェア型を利用して行われる。登録モニター型の場合は後述のE.になるので、これを用いることはない。ただ標本抽出型ウェブ調査でこのA.を使うことは可能であるし、そうした事例も決して少なくはない。

　だがこのタイプは、本来はあくまでも組織内部の業務の効率化を目的としたもので、組織外部へのウェブ調査実施を目的に作られたものではない。Google WorkspaceのFormsも、最近はウェブアンケートを行うことを前面に打ち出して広告しているが、もともとは組織内部のコミュニケーションの効率化、教育機関版であれば授業で宿題や課題を管理し簡単なテストを行うことを想定して作成されたモジュールである。そのためFormsには、ウェブ調査には不要な機能、たとえばオンタイムでの集計や送信後の修正、教育機関版では採点の機能なども備わっている。さらに、初期設定では回答者の範囲が同じ組織（ドメイン）内に限定されており、組織外部からの回答を受け付けるには設定を変更する必要がある。

　こうしたグループウェアを用いてウェブ調査を行う場合、自分で調査事業者を探して個別に契約をする必要はない。だが調査をやりたいと思う人の所属する組織がこうしたグループウェアを導入している必要があり、また組織の管理者からウェブ調査を実施する許可を得る必要がある。つまり、どのような立場の人がどのような状況でこれを行い得るかは、組織の管理者の判断に委ねられる。そうした意味では、必ずしも使いやすいとも限らない。

　なお、個人向けサブスクリプションタイプのMicrosoft 365 PersonalにもFormsが搭載されている。これは個人が管理者となれるが、サーバの容量やセキュリティなどの問題もあり、今後どこまで一般に普及するかは未知数である。

B. ウェブサイト管理パッケージ型。事業所などのホームページ管理パッケージの中に、外部とのインタラクションを行うモジュールが用意され、それをウェブ調査に利用する場合がこれに該当する。もっとも典型的な例として、地方自治体がウェブ上で住民の行政手続きや申請を受け付けるためのシステムとして Logo フォーム（株式会社トラストバンク社）を用いているが、これにウェブ調査を実施する機能が備わっている。このタイプも A. と同じく、所属する組織で導入しているかどうかによって使用できるかが決まる。機能的にも A. とほとんど変わらないが、B. はそもそも組織外部からのアクセスを前提としているため、セキュリティ対策が充実しており、特に Logo フォームはかなり堅牢なセキュリティを有している。公的統計のための調査を行うことまで想定すると、これは必須の要件となるのだろう。

C. サーバ提供型。これ以降は、調査に際して個別に契約を結び事業者に料金を支払う形式になる。まずサーバ提供型ととりあえず名づけたこのタイプは、ブラウザあるいはアプリを通じて回答画面を作成し、事業者が提供する回答システム上で回答を回収するもので、事業者は回答画面の作成システムと回答用ウェブサーバの管理を提供する。利用者は事業者と契約を結び、回答画面を作成したら事業者から回答画面の URL をもらい、それを調査対象者に配布する。調査対象者はそれぞれこの URL にアクセスして回答することになる。調査対象者を選び回答を依頼して URL に誘導するのは利用者つまり調査を行う側が行い、事業者はただ回答システムを提供するだけである。標本抽出型ウェブ調査はこのシステムを使うことがある。

　このタイプは非常に数が多い。筆者がウェブ上で検索したところ、formrun、SurveyMonkey、CustomForm、SECURE FORM、CREATIVE SURVEY、Cuenote survey、Synergy!、Question Pro といった名前があがってきた（2023 年 12 月時点）。これらの中にはかなり知名度の高いところもあり、たとえば SurveyMonkey などは学術研究でよく使われる。Question Pro はアメリカで有名で、これを使用するためのマニュアルも

出版されている。その他、筆者が把握できていない事業者も数多く存在する。つい先日も、スマートフォンのアプリサイトをのぞいたところ、スマホアプリでウェブ調査の回答画面作成を行うものがいくつも出てきて驚かされた。

　このタイプは、個別の企業あるいは研究者がある程度繰り返してウェブ調査を行うような場合を想定しており、請求されるのはシステムの利用料のみのため格安になるメリットがある。ただし、その仕様はかなり玉石混交で、マーケティング調査や学術研究の場合など状況に応じて様々なオプション、たとえば自由記述を許容しているものもあれば、2つの質問の回答が明らかに矛盾しているような場合を探し出してチェックする機能まで有するものもある。反面で、簡単な択一式と複数回答式しか設定されておらず、回答分岐（第5章参照）機能すら持たないものもある。

　なぜここまで多様かというと、このタイプはビジネスとしてもっとも新規参入しやすい領域だからである。後述するように、ウェブ調査の回答画面はかなりパターン化されており、それほど独創性の余地があるわけでもない。そのため、HTMLに慣れたプログラマーであれば、ウェブ調査の回答画面をプログラミングすることはさほど難しいことではない。サーバスペースをレンタルなどで確保すれば、初期投資のほとんどいらないビジネスとなる。こうした状況で他社から差異化を図ろうとすれば、顧客のタイプに合わせたオプションを提供していく必要があるというわけである。

D. サーバ＆モニター提供型。これは、上記のサーバ提供型に加え、回答者となるモニターの提供も併せて行うタイプである。利用する側は回答画面の作成を自分で行わなければならないが、回答用ウェブサーバの管理だけでなく、調査対象者への接触と回答画面への誘導も事業者がやってくれる。完全委託型（次項E.）に比べれば利用者自身が手掛ける部分が大きく、ある程度まで経験がある個人や企業が複数回利用することを想定している。その代わり、完全委託型に比べると割安というメリッ

トがある。こうした事業者をウェブ上で検索すると、Freeasy、Surveroid、NotePM、Fastask、Questant、Smart answerなどの名前があがってくる。これらは学術研究をしていると比較的よく聞く名前である。

　なお、実際にはC.のサーバ提供型とD.のサーバ＆モニター提供型の間の区別は小さい。というのは、C.の場合でもそれなりの実績を持つ事業者であれば、ほとんどはオプションとしてモニターの提供を行っているからである。このあたりの事情は学術研究者にはなかなか伝わってこないが、どうもウェブ調査事業者の間で各社の保有する登録モニターを貸し借りすることがあるらしい。そうなるとC.の事業者が他社からモニターを借りることでD.の提供が可能になる。ただしこの場合、借りてきたモニターにどのような特徴があるかを事業者が十分に把握できているかという疑問は残る。さらには、もし個々人が複数の事業者でそれぞれモニターとして登録していれば、複数の事業者からモニターを借りたときに同じ人が複数回あらわれる可能性が出てくる。D.を利用する場合は、こうした点の管理も調査を委託する側に任されることになる。その意味では、利用者の側に知識と経験が問われる。

E. 完全委託型。回答画面の作成も回答用ウェブサーバの管理も、そして回答者の確保もすべて事業者が行うタイプで、利用者が質問項目のリストを作成して事業者に渡すと、その項目からウェブ調査の回答画面を作成し、モニターに依頼して回答を集めてくれる。技術的な問題への対応、たとえば回答選択肢が不足しているとか、回答分岐の確認、あるいは必須回答にした方がいい場合などといったアドバイスも提供される。それだけでなく、ほとんどの事業者はデータの提供に加え集計表やグラフの作成も行っており、さらにはオプションとしてデータ分析結果まで報告してくれることもある。上記D.に比べれば委託料は高くなるがサービスは充実しており、専門知識を持たない個人や企業などでもウェブ調査を実施できる。このタイプの事業者は大企業が多く、たとえばマクロミル、GMO、クロスマーケティング、ネオマーケティング、楽天インサ

イト、日経リサーチなどがある。この E. が一般的なウェブ調査、本書でいう登録モニター型ウェブ調査にあたる。

　以上に加え、既存のアプリケーションを用いず、すべてを自分たちで行う場合もある。つまり回答者の確保も回答画面の作成も、回答用ウェブサーバの管理もすべて自分たちで行う場合である。いわばハンドメイドのウェブ調査（以下、セルフ型ウェブ調査と表記する）ということになるが、これが必要になるのは、標本抽出型ウェブ調査のうちカスタマイズ要求が高い場合に限られる。筆者らもこのセルフ型ウェブ調査を行うが、これを行う理由は、既存のアプリケーションでは入手できないパラデータ[4]が欲しいからである。具体的に言えば、筆者らは1つ1つの質問に回答する時間と、途中で回答をやめて出て行ってしまう人、つまり中断者の発生率を知りたいと思っている。ところが、こうした情報はたとえば Google Forms では入手できない。事業者に委託する場合でも、これらを提供してくれる調査事業者は数がきわめて限られる。そうなると、どうしても自分でやらざるを得なくなる。ただ逆にいえば、筆者らは調査法を専門に研究しているからこうした情報を入手する必要があるのであって、そこまで必要としていないのであれば既存のアプリケーションあるいはツールを使って省力化するほうが望ましい。
　ただし、同じように見えるアプリケーションや委託先事業者であって

---

[4] パラデータ（paradata）というのは、調査を実施している過程において集まる、調査票に記載された内容以外の情報のことをさす（Kreuter eds. 2013）。たとえば訪問面接調査であれば、調査員がインタビューをしていて回答者が答えに詰まった質問項目や聞き直しを受けた質問項目を記録しデータとして残しておくことで、次回以降の調査で質問文の見直しに役立てることができる。ウェブ調査の場合、回答者がアクセスしてきた IP アドレスや回答時間、回答に用いたデバイスなどの情報がサーバに残るため、これをパラデータとして使うことができる。ただし、パラデータの取得は、注意しないとプライバシー保護に抵触する可能性がある。たとえば EU 諸国では IP アドレスは個人情報とみなされており、したがってもしこれを収集するのであれば、事前に回答者にその旨を明示し承諾を得る必要がある（Callegaro et al. 2014）。

も、金額だけでなく機能やセキュリティにも少なからぬ違いがある。こうした個々の違いについては、アプリケーションあるいは事業者の数が多すぎて、しかもアップデートや仕様変更が毎日のように起こっているので、筆者らとしても把握しきれない。いずれにせよ、こういった点は、利用する前にできるだけ慎重にチェックすることが必要である。

6 回収後の作業

　訪問面接や郵送のような旧来型の調査の場合、あるいは実験室内で調査票に記入してもらうような場合でも、調査票を回収した後の作業というのはかなり手間がかかるものだった。回収した調査票を見ると、そこには必ず言っていいほど様々な記入ミスや判別できない書き込みがある。どの選択肢を選んでいるかわからない、1つしか選べないところで3つ選んでいる、出身地を記述してもらった漢字が判別できない、職業を書いてもらったはずなのに関係のないことが書かれている、などはごく当たり前に出てくる。こういったミスをチェックし、可能であれば（たとえば、まだ回答者と接触できるのであれば回答者に確認するなど）修正をする。さらに、出身地や職業など文字で回答されたところは、これをPCに入力する前に数字に置き換える（この作業をコーディングという）。それが済んだら、調査票に記載された内容をコンピュータに入力していく。これまでは、これらすべての作業を人の手で行っていた。当然、ミスも発生する。数字をコンピュータに入力する作業でも、経験の浅い人だと1%程度のミスがあるという報告がある。さらに、職業をコーディングする際には20%近いミスが確認された事例もある（Weisberg 2005）。1つ1つは些細なミスでも、こうしたミスが積み重なると、データとしての精度が下がっていく。そのため、ミスのチェックは少なからぬ労力と時間を要する。

　ところが、この点に関してはウェブ調査は革新的、革命的ともいってよい。こうした集計作業でのミスは主に人の手が関わることによって発生する。ならば、人ではなく電子デバイスを導入してこの作業を行わせ

れば、ミスは抑制できる。実際、CAPI（computer assisted personal interview）というやり方が 1980 年代から盛んに行われた。これは訪問インタビューに出かける調査員にノート型あるいはタブレット型の PC を持たせ、インタビューしているその場で回答を直接 PC に入力するという方法で、これによって入力作業のミスの大幅な抑制に成功したといわれている（Lyberg et al. 1997）。

　ウェブ調査はさらに技術的に進んだものであり、回答者の入力画面のコントロール、たとえば範囲外の数字が回答された場合（回答者の年齢を聞く項目で「2 歳」、「224 歳」といった回答など）にアラートを提示し修正を求める、また、回答しないで次の質問に行こうとしたときに回答を求める警告を提示するなども可能となっている。これにより、調査員や集計作業のスタッフのミスだけでなく、回答者自身によるミスも抑制できる。初期のウェブ調査の研究事例を見ていると、ウェブ調査にもっとも期待されていたのは、どうやらこの集計作業でのミスの抑制にあったらしい（Kiesler & Sproull 1986）。それほど、集計作業でのミス（集計誤差、第 2 章参照）というのは深刻な問題だった。その点では集計作業の際のミスは、ウェブ調査ではほぼ憂慮する必要がなくなっている。

　ただし、自動化されたことで発生する新たなリスクもあるということを忘れてはならない。ウェブ調査の場合、回答された内容はコンピュータファイルとして保存される。原票つまり紙としては残らない。これは良し悪しで、PC の操作を誤るとデータそのものが消えてしまう。また、コンピュータファイルになった状態では、無効回答の判別が難しくなる。これは実際に自分でやってみるとわかるが、ウェブ調査でデータシートになった回答を見て無効回答を直感的に見つけるのは、かなり難しい。そのため、無効回答の回答パターンを把握し、それを使って無効回答を探し出す必要がある。これについては学術研究者もウェブ調査事業者も含めて研究が盛んに行われているが、こういった点は旧来型の調査法ではほとんど問題にならなかったことであり、その意味でウェブ調査で初めて明らかになった技術的課題といえる。

コラム ①

調査票？ 質問紙？ アンケート用紙？

　回答者に聞くべき内容を質問という形にして一覧として配列した紙片を、社会学者は調査票と言い、心理学者は質問紙と呼ぶ。あるいは、もっと広くアンケート用紙という言葉が使われる。だが、これらは英語ではすべて同じ、questionnaire という単語である。つまり同じものだと考えて欲しい。

　ちなみに、100年ほど前の専門書を読んでいると、questionnaire という単語の他に schedule という単語を使っていることがある。questionnaire というのは回答者の意見や態度などを聞く質問を含めたもので、schedule というのは主観に関わる質問を一切含まずに賃金や労働時間数、家族構成など客観的に測定できる内容だけを聞くものという区別だったらしい（Chapin 1920）。

　この当時は、個々人の主観的な考え方や態度などを客観的に測定することができるかについて、社会科学者の間で大きく意見が分かれていたようだ。これはたとえば社会学で質的・量的という区別にこだわる人が少なくないように、今でも論争になることがあるが、基本的に survey という立場ではこの対立はもはや存在していない。というのは、1930年代からサーストン、リッカート、ガットマンなどの社会心理学者を中心に人間の主観、態度や意識の測定方法についての研究が進んだこと、そして所得や労働時間数、家族構成など、それまで客観的とみなされていた項目にも多分に主観的な判断が含まれているという指摘が続いた（Bowley 1915）ことにより、主観・客観という区別が相対的なものであるという認識が広がってきたことによる。

第 2 章　科学論とウェブ調査

1　科学と科学的思考

　「科学とは何か」という問いに答えるのは、実はかなり難しい。これだけで大学の講座がいくつもできてしまうので、ここでは必要最低限の内容にとどめる。一般的に科学とは、
　　①客観的な対象を観察することで対象の動きに規則性を発見し、
　　②その規則性を原因・結果の関係の中で把握することで、これを合理的に説明する法則あるいは理論を定立し、
　　③定立した法則あるいは理論から将来の状態を予測する
営為と考えられている。抽象的な書き方をしたが、これは具体例を見れば簡単に理解できる。
　科学の典型例として、小学校で行った「ろうそくの実験」を思い出してほしい（ファラデー 1956）。ろうそくに火をつけておくと、そのまま燃え続ける。この場合、ろうそくは誰が見ても燃えている。その点で客観的な観察といえる。そしてこのろうそくにガラスのコップをかぶせる、つまりふたをする。すると火は消える。次にコップをとりのぞき、再びろうそくに火をつける。そしてまたそこにコップをかぶせると火は消える。これは何度繰り返しても同じ結果になる。つまりここには規則性が

ある。ここから、燃えているろうそくにふたをしたこと（原因）で火が消える（結果）ことがわかる。なぜこのような関係が成立するのか。これを考えていくことで導き出されたのが酸素と燃焼に関する理論、つまりモノが燃えるとは酸素と結合することであり、ろうそくにふたをかぶせたことで酸素の供給が停止し、それによって燃焼が止まる、つまり火が消えるという説明が生まれる。この説明が正しければ、たとえば大きなコップでふたをすれば、コップの中に残された酸素の量が多いために、消えるまでの時間がほんの少し長くなる、などの予測ができる。実際、実験をしてみるとそのとおりの結果になる。そこで酸素と燃焼の理論が正しかったということがわかる。

　この事例のように、自然科学をイメージすると、原因・結果の関係を誰でも比較的簡単に理解できるが、これと同じ発想で社会現象をとらえるのは、実は決して簡単ではない。その第一の理由として、私たちは社会現象を原因・結果の関係で見ることに意外なほど慣れていないということがある。

2　科学的に考えることの難しさ

　ここで事例を1つ紹介しよう。今から40年以上前のことになるが、1981年に当時の総理府が「勤労者の老後の生活設計に関する世論調査」と題する調査を行った。ここでちょっと面白い質問をしている。企業や役所で働く、つまり定年のある仕事についている人に「定年した後も働きたいか」という質問をしたところ、60%以上の人が働きたいと答えたという。

　さて、こう聞いて読者の皆さんはどのような印象を受けただろうか。「みんな真面目なんだな」と思った人もいるだろう。そして「みんな大変なんだなぁ」と思った人もいると思う。この2つ、どちらが正しいとらえ方なのか。実は、このどちらであっても、このような印象を持ったという時点で科学的発想に慣れていないということを示している。というのは、「みんな真面目なんだな」と思った人は、自ら進んで仕事をし

たがる勤勉な人を直感的にイメージし、真面目で勤労意欲の高い人が多いから歳をとっても働きたいと答えていると予想したのである。これに対して、「みんな大変なんだなぁ」と働きたいと答えた人に同情した人は、収入が低く貯金も少ない人を直感的にイメージしたはずである。定年になって仕事をやめさせられたら生活できなくなる、だから無理をしてでも働かなければならないと答えた、という憶測である。

　実は、当時この調査結果をみた新聞社の記者も同じように反応したようで、たとえば朝日新聞は「この働きバチ列島」と題し、当時の労働省の公式見解を引用して「働くことを通じて社会との結びつきを保っていたいという日本人の勤労観が出ている」と論をまとめている（朝日新聞1981年12月21日）。つまり真面目であきれるほどに勤労意欲の高い国民性だから定年後も働きたいのだという。これに対して同じ日の日経新聞は、「老後の生活設計、備えなく年金が頼り、6割が定年後も働く」という表題の下で、貯金が少ないために老後の生活に不安を持っている人がいかに多いかと記事を打ち上げている（日本経済新聞1981年12月21日）。豊かな日本と貧しい日本という2つの異なる結論が、1つの調査結果から同時に生まれてしまっているのである。どちらが正しい理解なのだろうか。

　この事例が示唆するのは、次のようなことである。つまり、私たちが目にする世論調査や統計調査の様々な数字、それらは「結果」となってあらわれた社会現象である。結果である以上、それを引き起こしている原因があるはずである。したがって、それが何であるかを明らかにしなければならない。このとき、私たちは様々な「原因」を思いつく。歳をとっても働くという結果に対して、真面目だからという原因を、あるいは貧しいからという原因を思いつくのである。この「思いついた」原因と結果の関係を「仮説」という。わかりやすくいえば、仮説とは、まだ正しいことが証明されていない説明である。私たちは統計調査の結果を見ると、仮説は思いつく、仮説までは行きつくのである。ところが、ここで科学的発想に慣れている人と慣れていない人で考え方が分かれる。

　科学的発想に慣れた人は、その原因が本当に原因となっているのか、

仮説が事実として成立しているかという疑問を抱く。そして、本当にその原因と結果との間に関係が存在しているのかを調べようとする。ところが、科学的発想に慣れていない多くの人は、この「本当にその原因と結果の間に関係があるのか」という疑問を抱かない。原因と結果の関係は直感的に思いついただけで、実はこの原因と結果の間に関係はないのかもしれない。また、実はまったく違う原因があるのかもしれない。だが科学的発想に慣れていない人たちは、意外なほど「その関係は事実なのか」という疑問を持たない。疑問を持たないまま、思いついた原因・結果の関係を事実であると思い込んでしまう。その結果、世論調査や統計調査の数字は、たくさんの結論を乱立させてしまうことになる。

3　因果関係のとらえ方

　もう1つ事例を挙げる。1966年、アメリカで1冊の調査報告書が刊行された。執筆者の名前はジェームス・コールマン、題名は "Equality of Educational Opportunity"、後にコールマン・リポートと呼ばれる。この当時、アメリカでは人種差別がきわめて深刻な社会問題であった。1950年代、黒人に対する差別撤廃を求めた公民権運動がアメリカ全土を揺るがす動きとなり、人種差別を禁止する裁判判決が続いた。だが、こうした動きにもかかわらず、黒人の地位向上は遅々として進まなかった。その理由の1つとしてあげられたのが、黒人の学力であった。この当時、学力テストをすると、黒人の生徒の平均点は白人よりもはっきりと低かった。これはよく知られていて、それゆえに深刻な問題だった。つまり学力が低いといい大学には進めない。いい学歴が手に入らなければいい就職ができない。いい就職ができなければ高い地位や豊かな生活は手に入らない。そうなると、黒人の地位が低いのは差別によるものではなく、黒人という人種に内在する知的能力の低さによるものだという論理が成立してしまう。もしこの論理が成立するのであれば、1964年に制定された、職場や公共機関での人種を理由とする差別を全面的に禁止した公民権法も有名無実化してしまう。

コールマンがこの調査報告で指摘したのは、学力の低さを生み出すのは人種という原因ではなく、学校という別の原因であるということであった（Coleman 1966）。この当時、黒人と白人は別々の学校に通うことが普通だった。長い間、南部では黒人と白人を同じ学校に通わせることを禁止していた。これは 1950 年代に違憲とされるが、それでも南部諸州では様々に言い訳を作って黒人の子どもと白人の子どもを別々の学校に通わせていた。北部や中西部ではこうした隔離政策は撤廃されていたが、それでも同じ学校に通うのはそれほど一般的ではなかったといわれる。これにはいくつか理由があるが、一番大きいのは居住地の問題であった。これは今日でもよく観察されるが、アメリカでは同じ人種あるいはエスニックの人がまとまって住む傾向がある。黒人だけでなく、たとえばメキシコ系や中国系もそれぞれで集まる。日本人街というのも、要するに日本人や日系人が集まって住んでいるからであって、こういう場所は全米に多数ある。さらに、この当時のアメリカの初等中等教育は日本と同じく小学区制をとっており、子どもは居住地の区画によって通う学校が決められていた。そうなると、黒人が集まって住んでいる地域の学校は黒人の生徒ばかり、貧しい地域の学校の生徒は貧しい家庭の子どもばかりになる。

　コールマンが着目したのは、この学校ごとの格差である。黒人が集まる学校は先生も黒人ばかりで、施設や設備という点でもかなり劣っている。なによりも、同じように貧しい労働者階級の黒人しかいない学校、中産階級の白人と接することのない学校に通っていると、教育を受けることで豊かな生活を手に入れることができるという発想が身につかない。そうすると勉強していい成績をとろうという意欲がそもそも生まれてこない。これでは成績が上がらないのは当然というわけである。

　コールマンは、成績の低さという結果が黒人という原因によってもたらされたものではなく、隔離された学校を原因として生じたものだと考え、この仮説を自身が行った調査を通じて検証した。方法はさほど難しくない。学校が人種によって隔離されているといっても、なかには黒人と白人が混じっている学校もある。数としては必ずしも多くはないが、

中産階級の白人と同じ学校に通う黒人の子どももいる。そういう学校に通う黒人は、白人の同級生の影響を受け、教育に対して関心を強く持ち一生懸命勉強しているはずである。ならば、そういった学校では黒人と白人の成績の差は小さいはずである。そして結果はコールマンの予想したとおり、隔離された学校では黒人と白人の成績の差が大きく、人種共学の学校では成績の差は相対的に小さいというものだった。つまり、コールマンの仮説は正しかった、事実であることが明らかになったのである。

社会科学は社会現象を原因 - 結果の関係でとらえる。理論的に予測される、あるいは経験的に予想される原因と結果の関係が本当に存在しているかを検証するのが社会科学といってよい。その意味では、単に数字として集計できるというだけでは社会科学の役には立たない。社会科学で求められるデータには、様々な技術的な要求を満たしていることが必要である。以下、これについて述べよう。

4　社会科学のデータに求められる要件

人間の行動や社会現象を科学的にとらえるための技術的な要件として第一に考えるべきは、規則性を見つけるのにどれぐらいの量の観察を必要とするかである。社会現象を観察する場合、その発生の頻度が問題になることが多い。たとえば、ある街でごく平均的な大学に通い、ごく平均的な成績を示している人がいるとしよう。大学卒業を迎えたとき、同級生がごく平均的な企業に就職していったにもかかわらず、その人は就職をしなかった。大学院進学や資格試験の準備をしているわけでもない。さて、この人はどのような原因からこのような行動をとっているのだろうか。なんらかの病気や障害を抱えていて働くことができないのかもしれない。それとも景気が非常に悪くて、就職したくても働き口がないのかもしれない。

この人の行動について私たちがその原因を予想するとき、この人の他に同じような行動を示す人がどれぐらいいるか、またどのような状況で

多く（あるいは少なく）観察されるかが重要になる（ミルズ 2017）。その地域でその年に大学を卒業した人が1万人いたとして、そのうちこの人と同じような行動をとる人がこの人しかいないとしたら、この行動はその人に特有な個人的な問題によって生じたと予想できるはずである。反対に、もし1万人のうち5,000人以上が同じような行動をとっているとしたら、これは明らかに地域経済もしくは社会政策という点に原因を求めることが適切であろう。さらに観察数を増やしていったら、裕福な人たちの間でこういう行動が頻繁にみられる、あるいは貧しい家庭出身の人の間でみられることに気づくかもしれない。あるいは別の地域ではこの現象はまったくみられないかもしれない。

　多数を観察することで1人1人の行動に規則性が見いだされ、それが社会科学の対象となる。問題は、どれぐらいの人数をどのように探して調べたらこうした規則性が明らかにできるのかである。一般に、観察数を増やすほど規則性は見えやすくなる。ところが観察数を増やせば調査に要する経費も増加していく。いくら社会科学のためといっても、無限に資金をつぎ込めるわけではない。資金の制約はきわめて深刻かつ本質的な問題であり、できるだけ少ない観察でできるだけ正確に規則性を発見する必要がある。この点については第3章で改めて言及する。

　第二の要件として、人間個々人の行動や状態を客観的に、つまり誰が見ても同じように観察できる必要がある。さきほどのろうそくの例でいえば、ろうそくが燃えているのは、誰が見てもそう見えるわけで、したがって対象は客観的に存在している。そこにふたをかぶせて火が消えるのも、誰が見ても同じように見える。ところが、社会科学の場合は、この「誰が見ても同じように観察できる」というのが意外に難しい。たとえば、ある人が疲労しているとして、それは誰が見ても同じだろうか。ある人にはその人は疲労困憊しているように見える。ところが別の人から見ると、特に疲れているようには見えない。表情を目で見て判断するのは客観的とはいえない。では、どのような作業を何時間続けていたかを聞いてみたらどうだろうか。重い荷物を運び続ける、たとえば引っ越し作業などは2時間も続ければ多くの人は疲れ切ってしまう。ところが、

大学の体育会の学生であれば、大して疲れないかもしれない。一方、ただ机に向かって2時間ほど座っているだけでも立ち上がれないほど疲れることもある。そう、入学試験の場合などである。つまり、疲労を作業の時間で測ろうとしても、なかなかうまく測れない。

　別の例として、ある人が裕福かどうかはどうやって判断できるだろうか。服装や身なりが高級そうであれば裕福といえるのだろうか。ブランド品はたしかに高額で裕福な人でなければ買えないが、その見分けは意外と難しい。また、広い家に住んでいればお金持ちといえそうだが、郊外の一戸建て住宅よりも都心の手狭なタワーマンションのほうが高額だったりする。お給料が高ければ裕福と思うかもしれないが、富裕層は働いて得る収入よりも不労所得のほうが多いこともめずらしくない。さらに個々人の性格や心の状態ということになると、どういう基準で何を観察すれば把握できるかがきわめて難しい。一般的に、この要件を**測定** (**measurement**) の問題という。測定の問題は特に心理学や社会心理学で扱われるが、政治学や教育学、経済学や社会学でもきわめて重要な問題である。

　これらの要件を満たすことは、実は非常に難しい。実際、調査対象者の選び方を変えたら、あるいは測定のしかたを変えたら、データ分析を通じて得られる結果が変わってしまったということは日常的に起こっている。これは科学という点からすると、きわめて深刻な問題である。それゆえ、どうやったら少ない人数から正確に全体を予想できるか、どうやったら客観的で正確な情報を得られるかは、研究者にとって大きな課題となっている。

5　標本誤差と非標本誤差

　社会科学において、調査によって得られたデータの値つまり観測値と真の値（母集団の値あるいは理論上の値）とが一致するとは限らない。というよりは、必ず多少のずれが生じる。たとえば今、人口1万人の街で300人を対象に住民調査を毎月行うとする。実はこの街の平均年齢は

47.3歳であることがわかっている。では、この街で毎月調べていったら、平均年齢は常に47.3歳になるかというと、そうはならない。46.0歳のときもあれば、49.7歳のときもあるだろう。もちろん47.3歳ぴったりというときもあるだろうし、50.5歳というときもあるかもしれない。こうした、母集団値あるいは理論値と観測値のずれ、もしくは差異のことを誤差（error）という。たとえば最初の調査で46.0歳という観測値が得られたら誤差は－1.3歳、次の月の調査で49.7歳であれば誤差は＋2.4歳となる。直感的に理解できると思うが、誤差は絶対値として小さい（つまり0に近い）ほうが望ましい。ところが誤差は様々な理由によって生じる。偶発的に生じることもあるし、偶発的とは呼べないような理由によって生じることもある。これを小さくするのは、実はそれほど簡単なことではない。

　一般的に、誤差はそれが生じる理由によって、大きく以下の5つに分けられる。

> ①**標本誤差（sampling error）**：母集団の中から調査対象として選ばれる個体（個人・世帯・事業所など）の数が少ないことで、観測値と母集団値にずれが生じること。
> ②**網羅誤差（coverage error）**：母集団のうち標本抽出の段階で特定の領域あるいは条件の個体が抜け落ちてしまい、その結果、観測値と母集団値にずれが生じること[1]。
> ③**非回答誤差（non-response error）**：調査対象となった個体のうち回答が得られないものが体系的に発生することで、観測値と母集団値にずれが生じること。
> ④**測定誤差（measurement error）**：適切な測定がなされない、たとえば質問の仕方を間違えた、勘違いして違うことを答えてしまった、質問の文章が聞きたいことを聞くのに適していなかったな

---

[1] 英語の専門書ではcoverage errorをframe errorと呼ぶことがある。この2つの用語はまったく同じと考えてよい。

ど、個々の調査対象から正確な情報を得ることに失敗し、その結果として観測値と母集団値にずれが生じること[2]。
⑤**集計誤差**（operation error）：回答を記録する際の転記ミス、集計の際の計算ミス、回答内容を間違えて分類したなどの理由により、観測値と母集団値にずれが生じること。

　転記ミス、つまり鉛筆で書かれた数字を読み間違えて記録したなどは笑い話のように思われるかもしれないが、実際にやってみるとこういった単純なミスは決して少なくない。そしてこれらのミスが積み重なることで調査結果に深刻な影響をおよぼすことがある。ともかく、これらを①と②から⑤とで大きく分け、①のことを**標本誤差**（sampling error）、②から⑤を総称して**非標本誤差**（non-sampling error）と呼ぶ。
　標本誤差の最大の特徴は、一定の条件を満たした場合は数学的に予測が可能であること、つまり数式で表現できることである。標本誤差の数式はどの統計学の教科書にも記載されているが、数式をみればわかるように、標本誤差は標本の規模が大きい（調査する対象者あるいは件数が多い）ほど小さくなる傾向がある。誤差が小さいということは、正確な値が予想できるということである。よく「調査対象者数が多い調査は信用してよい、少ない調査の結果は信用してはいけない」という人がいるが、その根拠となるのがこの標本誤差の性質である。ちなみに「一定の条件を満たした場合」という一節がどういう意味かは、次章を読んでいただきたい。
　他方、②から⑤の非標本誤差は、いまだに数学的な予測に成功していない。つまり、聞く人の数を増やせば誤差が小さくなるということではない。むしろ調査対象者数を増やすほど、逆にこれらの誤差が大きくな

---

[2] 英語の専門書で measurement error を response error と表記することがある。一般的には、この2つは同じ内容を示したものである。ただし、この用語法は研究者の間でも必ずしも一貫していない。たとえばマクナブは measurement error という言葉を非標本誤差（non-sampling error）と同義として、この中に網羅誤差や非回答誤差そして response error を含むものとしている（McNabb 2014）。

るという指摘もなされている（Mahalanobis 1946）。こうした不確定な部分が多いため、非標本誤差は一般的な統計学の教科書には記載されていない。専門の研究書であればともかく、文系の大学生が目にする統計学の教科書は、非標本誤差は存在しない（ゼロである）という前提で書かれていると考えてよい（吉田 1986）。ただ、存在しないという前提はあくまで教科書を書く上での前提であって、それが現実に存在していないということではない。むしろ社会科学の各領域で問題とされているのは、予測が困難で教科書で扱いづらい、この非標本誤差のほうなのである。

6　ランダムな誤差と体系的な誤差

　非標本誤差は予測が困難というだけでなく、非常にやっかいな問題を引き起こす。それが「偏り」である。前節で、誤差とは観測値と真の値（母集団の値）との間のずれであると書いた。実際、同じ母集団に何度も調査を行うと、そのたびに少しずつ違う観測値が得られる。このとき、母集団の値よりも大きい観測値が得られたり小さい観測値が得られたりすること、つまり誤差に方向性がなくランダムにあらわれることがある。これを**ランダムな誤差**（random error）という。だがそれだけでなく、同じ母集団に何度調査を行っても母集団の値よりも小さい観測値ばかり、あるいは大きい観測値ばかりが得られることもある。これは要するに誤差が方向性を持ってあらわれるということで、このような誤差を**体系的誤差**（systematic error）という。体系的誤差の典型例として、世論調査では投票に行くかという質問をよく行うが、投票に行くと答える人の割合は実際の投票率よりも高くなる。学歴もそうで、学術調査で学歴を聞くと、回答によって得られた大学卒業者の割合は国勢調査の結果よりも高くなる。逆の出方をすることはほとんどない（少なくとも筆者は見たことがない）。実はこういう例は少なくない。

　体系的誤差は、非常に深刻な問題である。というのは、今、「母集団の値」と簡単に書いたが、実際の調査では母集団の値が調査をする前にわかっていることはほとんどない。わからないから調査をするのだから

当然である。そうなると、もしもランダムな誤差であることが事前にわかっていれば、何度か調査を繰り返し、大きな値が出たときと小さな値が出たときを見比べながら、この辺りが母集団の値であろうと予想することができる。ところが、体系的誤差の場合は、調査を繰り返しても母集団の値がどこにあるか予想がつかない。つまり調査を繰り返すなかで、これが母集団の値だろうと予想された値と実際の母集団の値と間にずれ（差異）が生じる。これを**偏り（bias）**という。そして偏りが生じてしまうと、母集団の正確な予測はきわめて難しくなる。そのため、特に社会学や政治学など一次集計（単純集計）を重視する学問領域では、偏りをどうやって防止、つまり発生を未然に抑制するかに多大な関心が払われる。

　これまでの研究蓄積から、標本誤差はランダムな誤差となることがわかっている。これに対し、非標本誤差はランダムな誤差になることもあるが、体系的誤差となることもある。ということは、偏りを防ぐあるいは小さくするためには、非標本誤差を小さくする必要がある。ところが標本誤差と違い、非標本誤差はどうやったら小さくなるかについて明瞭な答えがない。次章以下で述べるように、非標本誤差は、個別の具体的な状況の中で個々の調査者がとる具体的な行動の中から生じてくる。これを抑制するためには、個別の状況のなかで実験と試行を繰り返しながら具体的な方法を探っていくしかない。

7　調査が「うまい」人、「へたな」人

　この点について、見方を変えれば、ここが調査の技術が求められるポイントとなる。ウェブ調査に限らず郵送でも訪問面接でも、あるいは教室で質問票を配布して答えさせるような場合でも、調査が「うまい」人と「へたな」人はいる。同じ内容について調べていても、ある人が行った調査からデータを分析するとしっかりとした結果が得られ、別の人が行った調査からは分析に耐えないようなデータしか得られないことが起こる。「しっかりとした」という微妙な表現を使ったのは、仮説が正し

いことを証明してくれるという意味ではない。仮説はいつも正しいわけではなく、間違っているという結論が得られることもよくある。だが、仮説が間違っていたという場合でも、それが間違いであったと誰もが納得し、なぜ間違っていたのかについて示唆を与えてくれるのがデータ分析のあるべき姿であり、それを行い得るだけのデータを調査は提供しなければならない。そしてこの調査が「うまい」人とは、非標本誤差がどのような場面でどのように起こり、そしてそれをどうすれば防止できるかを経験あるいは専門的知識を通じて知っている人であり、そういう人は正確なデータを得ることができる。正確なデータがあるからこそ、しっかりした分析結果が得られるのである。これに対して「へたな」人とは、そうしたことが理解できておらず、非標本誤差を大量に含んだデータを手に立ち尽くしている人ということである。さて、どちらが優れた業績を生み出せる人だろうか。

　何を言いたいか、もうわかってもらえたと思う。社会科学で優れた業績を生み出すためには正確なデータが必要で、正確なデータを得るためには高い水準の調査の技術が必要となる。つまり、調査の技術は社会科学という営為の根底をなす部分であり、これを身につけていることが社会科学に携わっていくうえで必須の要件となる。これは、社会科学を志す読者の皆さんには必ず理解しておいていただきたい点である。

コラム ②

帰納と演繹

　観察された事象を結果としてとらえ、その原因を特定するという、本章で触れた思考法は、論理学ではアブダクション（abduction）と呼ばれる（米盛 2007）。古くから科学的思考として帰納（induction）と演繹（deduction）という 2 つが指摘されてきたが、実際には科学的方法として評価されてきたのは演繹だといわれている。つまり理論を学び、これを論理的に展開していくことで起こり得る事象を予測し、その予測を調査データを用いて検証するというのが科学の方法とされてきた。この考え方にしたがえば、先に仮説が成立していて、それから調査データを収集するという手順になる。実際、著名な研究事例の多くは、こうした手順にしたがっている。

　だが、これについては賛否が分かれている。というのは、演繹の場合は論理的に一貫性の高い理論がすでに存在している、つまり確定した領域であることが前提とされることから、社会科学のように新しいテーマが次々に生まれ確定的な理論の確立に至らない領域を多数抱えている状況では、適用できる場面が限られる。わかりやすくいえば、新しい発想がなかなか生まれてこない。また、科学的理論として今日確立されているものでも、当初は単なる思いつきの域を出なかったものも少なくない。そうした点でいえば、もう少しゆるやかな発想も必要で、アブダクションという思考法が許容されるのも、こうした理由による。

　なお、この問題が社会科学で論じられるようになったのはかなり早くからであり、筆者が調べたところ 1920 年代にはすでに英語の文献でこうした議論が展開されている（Odum & Jocher 1929）。

第3章　標本の構成

1　母集団推定

　ある集団について調査するとき、その全体の姿を把握するためには、すべての構成要素を調べることが理想である。だが、調べたい「全体」が大きくなればなるほど、そのすべてを調べることは難しくなる。たとえば、自分の所属する軽音楽サークルのメンバー20人のうち、何人が春の大学野球戦を見に行ったかを調べるのは難しくない。1人1人に聞いても20人であればそれほど時間も手間もかからないだろう。ところが、これが総勢200名の体育会アメリカンフットボール部となると、そう簡単には行かない。数人で手分けして電話をかけ続けても1日では終わらないだろう。さらに学生総数20,000人の大学の学生全員となったら、頭を抱えたくなる。「全員に聞いて回るのは無理」という人が出てくる。「何人かに聞けば、大体のところはわかるだろう」と言い出す人が出てくるだろう。そしてこれは、実は正しい発想なのである。

　関心を持って調べたい対象の全体を**母集団**（population）という。たとえば○○大学で××先生の授業を履修している人のうち、どれぐらいが授業を面白いと思っているかを調べたいと思ったら、母集団はその授業に履修登録した人全員である。あるいは、有権者のうちどれぐらいが

今の内閣を支持しているかを調べるのであれば、日本の有権者約1億人が母集団となる。一般的に、抽象的な定義になるほど母集団は大きくなる。もし人類に共通な心理的傾向を調べるということになれば、人類80億人が母集団となる。当然、これをすべて調べることはできない。したがって母集団の中の一部を取り出して実際に調べることになる。このような調査の仕方を**標本調査**といい、母集団のうち実際に調べる対象を**標本（sample）**という。

標本[1]は意外に小さい。たとえば新聞などでよく目にする内閣支持率調査も、有権者約1億人が母集団となるのに対し、標本として実際に調べている人数は2,000人程度ということがほとんどである。新聞社に対して、日本政府自身が行っている世論調査として内閣府世論調査というのもあり、よくテレビなどでとり上げられている。こちらでは1回あたりの調査対象者数を3,000〜5,000人程度に設定しているが、実際には聞いた人の全員が答えてくれるわけではないので、回答した人の数でいえば1,500〜3,000人程度になる。

なぜこんなに少ない人数しか調べないかという理由はいくつかあるが、その中でもっとも切実なのが経費の問題である。つまり多数を調べようとすれば、その調査に要する経費が膨大なものになるからである。日本に居住する全員を調べる調査として国勢調査があるが、たとえば2015年度の国勢調査に要した経費は約720億円と公表されている[2]。総世帯数約4,800万戸、総人口約1億3,000万人という母集団をすべて調べる

---

[1] 細かいことだが、統計学では標本（sample）は集合名詞であり、全体で1つと数える。1回の調査のために1,000人を抽出した場合、標本数は1,000ではなく1となる。そしてその中の1人1人を調査対象者あるいは対象（subject）と呼ぶ。つまりこの例でいえば、標本は1つであり調査対象者数が1,000人となる。よく「標本数を増やす」と書かれていることがあるが、筆者らの立場からいえば、この表現が意味するのは調査の回数を増やす（何度も同じような調査をする）ということになる。もしも聞く人の人数を増やすということであれば、「調査対象者を増やす」あるいは「標本の規模を大きくする」という表現を使うほうが望ましい。

[2] https://www.stat.go.jp/data/kokusei/2015/final.html

ためには、これほどの経費がかかるのである。国勢調査は5年に1回しか行われないが、内閣支持率調査は各新聞社がおおむね月に1回程度のペースで行っている。どんな大企業であっても、毎月これだけの経費をかけられるはずがない。したがって、2,000人を調べることで1億人の考えを推測しなければならない。ただし、こういう発想が論理的に成立するためには、実際には調べていない9,999万8,000人も、調べることができた2,000人と同様である、つまり同じような特性を持ち、同じように考え、同じように行動していると仮定する必要がある。

　問題は、この仮定が果たして成立するのかである。たとえばある日の街頭デモで行進している人2,000人に聞いたら、内閣を支持する人の割合はきわめて低くなるだろう。あるいは、与党の後援パーティーに出席した2,000人に聞いたら、支持率はおそらく100%になるだろう。このような例では、調べた人と調べていない人が同じように考え、同じように行動しているという仮定が成立しない。標本として調べた対象と母集団が同じ特性を持つ状態を、標本が**代表性**（representativeness）を持っているという。標本が代表性を持つ場合、標本から母集団の姿を推測することができる。これに対し、特定の条件の人ばかり、特定の考えを持つ人ばかりが標本に選ばれてしまうと標本が代表性を持っているとは認められず、標本から母集団の姿を推定することが困難となる。

　よく特定の高校や大学の学生を調査し、日本中の高校生や大学生の行動を議論することが行われる。あるいは調査実習の授業などで特定の地区や街区を集中的に調べることもある。これらはともに、専門用語で集落抽出（cluster sampling）と呼ばれる方法で、19世紀の終わりから1930年代にかけては学術研究のレベルでもさかんに行われていた。この当時は、特定の地域さらには街区に限定した調査を行うことで、他の地域や他の街区でも人々が同じように考え行動しているとみなそうとしたのである。だが、やはり地域ごとの違い、地域や街区の持つ特徴が調査結果と密接に関わっているという指摘が続いた。つまり標本の代表性に疑問が呈されたのである。集落抽出の場合、標本となった対象が代表性を持つかどうかは理論的には保証されない。あくまでも経験に基づい

て評価するしかないのである。

2　「単純無作為抽出」の難しさ

　標本が代表性を持つためにはどうすればよいか。純粋に理論的にいえば、標本の代表性が確保される方法は1つしかない。それが**確率抽出**（**probability sampling** または **random sampling**）と呼ばれる方法である。これは母集団に含まれるすべての対象（個人・世帯・事業所など）が既知の確率で標本として抽出される方法をさす。「既知の」というのは、「あらかじめ定められた」という意味である。母集団に含まれる件数のうち標本として抽出される件数の割合を抽出率という。抽出率とは、個々人（世帯や事業所を単位とする調査であれば個々の世帯あるいは事業所）が標本として選ばれる確率のことである。つまり確率抽出とは、あらかじめ定めた抽出率で対象を抽出していく方法であり、その場の思いつきや個人的な好き嫌いを排除して抽出することから無作為抽出ともいう。そして母集団のすべてが同じ抽出率になる方法を**単純無作為抽出**（**simple random sampling**）という[3]。この言葉は統計学や社会調査の教科書では必ず出てくるので、耳にしたことがあると思う。だが、ここで知っておいてもらいたいことは、実際の調査場面では、単純無作為抽出はほとんど用いられないということである。

　単純無作為抽出が実際にはほとんど用いられない理由は、単純に、これを実施することがきわめて難しいからである。単純無作為抽出の具体的な手順は、要するに「くじ引き」と思ってよい。小学校のクラスで学級委員を選ぶことになったとする。ところが困ったことに、クラスの全員がやりたくない。だが、それでも誰かを学級委員にしなければならない。こういうときは「くじ引き」の出番となる。まずはクラス全員を網羅した名簿を用意する。そしてピンポン玉をクラスの人数分用意し、そ

---

[3] 調査の状況や調査対象の特性によっては、母集団を事前にいくつかのグループに分け、グループごとに抽出率を変えたほうがいい場合もある。このあたりは統計学に標本抽出法という専門の分野があるので、そちらで学んでほしい。

の1つ1つに名簿と照合しながら個々人の名前をマジックで書き、それを箱の中に入れる。全員のピンポン玉を箱の中に入れたら、箱の中を見ないように手を入れ、中のピンポン玉をかき回し、そこから1つ取り出す。そこに名前の書かれている人が「当たり」、つまりめでたく（残念ながら？）学級委員となる。この方法は、クラスのすべてのメンバーが同じ確率で選ばれることになり、しかもなんらかの意図も働かない。だからこそ公平ということになる。さて、この手順を数万人、あるいはそれ以上の母集団に適用することがきわめて難しい理由がわかるだろうか。

3　網羅誤差──旧来的な調査法の場合

　母集団が大規模になると、母集団の「全員を網羅した名簿」がそもそも存在するのか、そしてそれが入手可能なのかが大きな問題となる。標本抽出を行うもととなる名簿を、標本抽出枠あるいは**標本抽出台帳**（どちらも英語では sampling frame）という。ところが母集団が大きくなるにつれ、こういう名簿は存在しない、あるいは利用できないことが圧倒的に多くなる。たとえば、世論調査などではよく「有権者」と一言でまとめてしまうが、選挙権を持つ人全員の名簿を入手することはきわめて困難である。また、日本全国の高校生の自宅学習時間を調べるにしても、全国の高校生全員の名簿をどうやって入手するのか。そもそも、そのようなものが存在するのだろうか。

　日本の場合は、人口を網羅する名簿として選挙人名簿と住民基本台帳とがある。住民基本台帳はその地域（市区町村）に住民登録した人すべて（年齢・性別・国籍にかかわらず）を網羅し、選挙人名簿はこのうち18歳以上で日本国籍を持ち、なおかつ投票権を停止されていない人を網羅している。この2つは長く学術調査や世論調査の標本抽出台帳として利用されてきた[4]。ところが、たとえばアメリカには住民登録という

---

[4] 調査実施のための住民基本台帳および選挙人名簿の閲覧については、法律（住民基本台帳法第十一条の二および公職選挙法第二十八条の三）に規定がある。ただし法令の表記が抽象的で、解釈が市町村ごとに変わることがある。基本的

第3章　標本の構成　　45

習慣がない。地域住民の名簿を作成しているところもあるが、これは地域によって異なり、公的機関が一律に居住者の住所を把握しているわけではない。またアメリカでは有権者名簿も本人からの自己申告に基づいて作成される。したがって、これらを人口を網羅する名簿として調査の標本抽出に用いるのは無理がある。

　母集団を網羅した名簿がない場合は、この代替となるものを探さなければならない。アメリカでは、その地域の住宅地図を使って、そこに記載された住宅を数えて台帳として使っていた。この方法は今でも使われているが、実際にこの方法で標本抽出を行うのは技術的にかなり難しく（マンションなど集合住宅は地図からでは戸数が把握できない、山間部にぽつんとある一軒家が把握できないことが多い、など）、どうしても熟練の調査員が多数必要になる。つまりコストがかかる。このため、電話帳をこの代替として利用することも行われた。ただ、こうした代替的台帳は母集団の網羅という点で必ずしも精度が高いとはいえず、網羅できない対象が出てくる。たとえば電話帳を台帳にすると、電話を持っていない人は網羅できない。

　さらに、日本のように標本抽出台帳が使える場合でも、網羅しきれない対象というのは必ず出てくる。たとえば住民基本台帳を標本抽出台帳とする場合、住民票を実家に残したまま実家を離れて大学に通う大学生や中短期の単身赴任者、都市で働く出稼ぎ労働者などは網羅できない。住民基本台帳は、そもそも調査のために使うことを目的として作られているのではない。他の目的（地域住民への行政サービスの提供）のために

には、住民基本台帳の閲覧が認められるのは報道機関または学術研究機関に所属し調査結果を学会その他の機会で広く公表できる者とされており、選挙人名簿については、これに調査の目的が政治・選挙に関わるものであるという条件が加わる。つまり、学生（大学院生であっても）および民間企業はどちらの閲覧も認められない。これは2006年の住民基本台帳法の改正以降の規定で、それ以前は原則として申請をすれば誰でも閲覧が認められていた。この点、住民基本台帳や選挙人名簿からの無作為抽出の機会は減少しており、そのために標本抽出法に関する議論、たとえば集落抽出や割り当て抽出の有効性についての議論が重要性を急速に高めつつある。

作成されたものを調査のために流用しているわけだから、これは仕方のないことなのである。

　こうした、標本抽出台帳では網羅できない対象が出てくることを網羅誤差というが、この網羅誤差は体系的誤差になりやすく、時としてそれは無視し得ない影響、典型的には偏りを生み出すことがある。これについて、1980年のアメリカの事例を紹介したい。この事例では、アメリカの政府機関が訪問面接で行った調査の結果を用いて、もしこれを電話で調査したらどうなるかを試算している（Biemer & Lyberg 2003）。この当時はまだインターネットも携帯電話もない。調査員が地図を見ながら足で歩いて訪問するほか、調査対象者との接触の方法は各家庭の電話ぐらいしかなかった。ところが、この当時の電話料金は高かった。当時の電話保有率は約93%だったというが、貧困者に限っていえば73%ほどだったという。この状態で電話を持つ・持たないにかかわらず全員の医療保険の保有率を計算したところ、貧困層でない人の保有率は86.0%、貧困層の保有率は29.7%となった。ただし電話を保有する人だけに限ると、貧困層でない人の保有率が87.1%、貧困層の保有率が34.5%となった。貧困層のところで数字が大きく異なっていることに気づくと思う。つまり、標本抽出台帳の性質によって母集団の中で網羅できない人口あるいは部分が決まってくるために、網羅できない理由と密接にかかわる調査項目では偏りが生じる危険が高くなる。

4　網羅誤差——ウェブ調査の場合

　ウェブ調査はインターネットを用いるため、インターネットを使っていない人、接続できない人はそもそも調査対象にならない。長い間、これはウェブ調査を社会科学に用いる際の最大の問題点とされてきた（Best & Krueger 2004; Tourangeau et al. 2013）。1990〜2000年代にかけて主にアメリカで行われた初期のウェブ調査では、回答者が若年で高学歴、裕福な白人に偏ってしまうという指摘が繰り返し出ている。歴史的に、アメリカでのインターネットは大学での利用（図書および研究資料の検索

や研究者および学生同士の連絡用）から広まってきた。そのため当時の状況では、インターネット利用者がどうしても大学生およびその卒業生に集中してしまう。こうした事情から、当時はまだ一般人口を対象とした調査をウェブで行うことはリスクが大きいという見解が出されていた（Messer & Dillman 2011）。

　だが2020年代に至ると状況は大きく改善されてきた。特にスマートフォンの急速な普及と、コロナ禍を経てのリモートワークの一般化は、インターネットの利用率を一気に高めたといってよい。とはいえ、まだインターネットに接続できない人口はいる。総務省の「令和4年度通信利用動向調査」によると、過去1年間でインターネットを利用したことのある人の割合は15歳以上に限定すると82.8%となり、この数字を単純に解釈すると、ウェブ調査では人口の17.2%が網羅できなくなる。ただし、これについては年齢によって大きな差があり、50歳代までは軒並み90%を超える利用率だが、70歳代になると63.1%、80歳以上になると31.6%にまで下がる。つまりウェブ調査は、70歳を超える高齢者を調査対象に含む場合は、偏りを生むリスクが高くなる。

　この状況を踏まえ、ウェブ調査を行った際にどのような影響が出るかを、さきほどの電話の場合を参考に思考実験してみる。内閣府が行う世論調査のうち、ここでは令和4年に行われた「男女共同参画社会に関する世論調査」をとり上げてみよう。この調査は郵送で行われているが、回答者の延べ数は2,847人、このうち70歳以上は821人で全体の28.8%である。このとき、この821人の70歳以上の回答者の40%がインターネットを利用しないとする。もしこの調査をウェブで行うと、この40%が抜け落ちることになるから、70歳以上の回答者の人数は493人に減ってしまう。計算を簡単にするため、69歳以下はインターネットの利用率を100%、つまり全員が網羅されるとする。各年齢の回答の割合は変わらないと仮定すると、調査項目にある「夫は外で働き、妻は家庭を守るべきである」という考え方に賛成の割合は、郵送で行った状態では33.4%だが、ウェブで行うことで31.8%に下がると予想される。この質問は、若年になるほど反対が増え高齢者になるほど賛成が

多くなる。つまり年齢と密接に関係している項目であるため、インターネットの利用者のみという限定をかけると、このように無視し得ない偏りが発生してしまうことになる。

さらに、インターネット利用者に母集団を限定しても、今度はインターネット利用者を網羅する標本抽出台帳が手に入るかという問題が発生する。ウェブ調査は、一般的に電子メールを使って調査対象者に回答を依頼する。したがってメールアドレスを持っていない人には接触できなくなる。たとえば自宅で家族のパソコンから日常的にインターネットを使っていても、自分のメールアドレスを持っていないという人は網羅できない。さらにいえば、日本国内で電子メールを用いている人のリスト、メールアドレスの一覧は存在しない。つまり母集団を網羅できる標本抽出台帳が存在しないことになる。

このような問題への対処法としては2つある。つまり、電子メールで接触できる人の台帳を作成するか、あるいは電子メール以外の方法で接触ができる標本抽出台帳を利用するかのどちらかになる。第1章で言及した登録モニター型はこの前者、つまり電子メールで接触できる人の台帳を自ら作成するという対応をとるもので、標本抽出型は後者、つまり郵便あるいは他の方法での接触に用いられている台帳をウェブ調査に用いるというものである。

5　ウェブ調査の標本抽出台帳

(1) 登録モニター型の場合

登録モニター型ウェブ調査、つまり一般的なウェブ調査では、調査を受託する事業者が事前にプールしておいた登録モニターのリストを標本抽出台帳として用いる。どうやってこの登録モニターを集めるかは、事業者によって異なる。もっとも多いのが、インターネット上にモニター募集広告をうち、その広告に反応した人を登録するものである。そしてこの募集広告が、事業者ごとにキャッチフレーズが微妙に異なっていて面白い。たとえば「お小遣い稼ぎするなら infoQ」(GMO)、「アンケー

トに答えるだけで暇な時間がお金に換わる、簡単に稼げる！リサーチパネルのアンケート」（クロス・マーケティング）、「ちょこちょこ貯めてちょこちょこ貢献。いいですね。社会にいいこと。自分にいいこと。アイリサーチ」（ネオマーケティング）などがある（2024年3月時点）。概してアルバイトや小遣い稼ぎとしてアピールするところが多い。さらに、ウェブを通じて細々とした仕事を請け負うクラウドソーシングと呼ばれるサイトが複数あるが、この登録者リストをウェブ調査の台帳として使う事業者もある。こちらは最初から仕事として調査への回答を依頼する。また、自社あるいはグループ企業の商品の登録ユーザーに対してモニター登録を呼びかけるところもあると聞く。

　こうしたモニター募集は各事業者が莫大な資本を投じて行っている。それゆえ、登録モニターを保有する事業者は規模の大きな企業であることが多い。だが、どんなに巨額の資金を投入しても、国内で1億人を超えるインターネット利用者のうちモニターとして把握できるのはごく一部である。大規模な事業者になると保有する登録モニターは100万人を超えるというが、いじわるな言い方をすれば、それでも日本人口の1％に満たない。しかも、その募集の仕方が事業者ごとに異なる。当然、集まってくる人も微妙に違っているだろう。アルバイトと言われれば大学生などが反応するだろうし、社会貢献と言われるとボランティア活動に熱心な人などが集まってくると予想される。だが、どういう募集をしてどのような人々が集まってきたのか、どのような条件の人が入っていないのか、言い換えれば人口のどの部分を網羅できていてどの部分が網羅できていないかを各事業者が公表することはない。ビジネスなのだから当然ともいえるが、おそらく事業者も実態をよくわかっていないというのが本音ではないか。つまり登録モニターが母集団をどのように網羅できているか、あるいは網羅できていない部分がどこなのかがはっきりしない。これは登録モニター型ウェブ調査の最大の問題とされる。

　他方、この登録モニターのリストには、旧来的な標本抽出台帳にはない長所もある。第一には、地域的な制約がほとんどないことである。旧来の方法で標本抽出台帳として使われてきた住民基本台帳や選挙人名簿

は市区町村が管理するものであり、したがって網羅している範囲が地理的に限定されている。そのため市区町村の境界を越える広範囲の地域を調査対象とするような場合は、複数の台帳を利用する必要があり、標本抽出に多大な労力を要する。またそのための技術、たとえば層化多段階抽出などもかなりの技術的知識を必要とするため、どうしても専門家が必要になる。ところがウェブで募集した登録モニターには、こうした地理的制約がない。したがって調査対象地域が広範囲に及ぶ場合は、むしろ登録モニター型のウェブ調査のほうが向いていることがある。

　もう1つの長所として、相対的に人口の少ない対象者の調査、特定条件を満たす人だけを対象とする調査が可能となる。例として、重国籍者を対象として調査する場合を考えてみよう。日本で複数の国籍を持つ人の数は約89万人と推定されている（武田 2019）。社会的関心の対象となるべき人口規模ではあるとはいえ、総人口から見れば1%にも満たない。ところが実際に誰が複数の国籍を持っているかを政府は把握しておらず、したがって住民基本台帳にも重国籍を示す情報は記載されていない。この状態で住民基本台帳から1,000人を無作為抽出すると、単純に考えてその中に調査対象となる重国籍者は6～7人ほどしか含まれないことになる。ということは、7人を調べるために1,000人に回答を求めることになり、きわめて効率の悪い調査となってしまう。このような場合、10万人の登録モニターを持つウェブ調査であれば、まず10万人に複数の国籍を持つかどうかを問う質問を行い、このスクリーニングを通過した、おそらく700名ほどの調査対象に対して調査を行うことができる。こうした相対的に数の少ない対象の調査は、旧来的な台帳を使う場合にはきわめて難しいことで、それが容易にできてしまうというのは、やはりウェブ調査の利点といえる。

(2) 標本抽出型の場合

　これに対して、厳密に定義された母集団から明確な手順で標本を抽出する必要がある場合もある。内閣府世論調査や地方自治体が行う住民意識調査など、公的な機関の行う調査は、誰が対象となっているかわから

ないということが許されない。このような場合には、旧来的な方法と同じ標本抽出台帳を使うことになる。ただし、住民基本台帳には電子メールのアドレスは記載されていない。それゆえ、これを台帳に用いたウェブ調査、つまり標本抽出型ウェブ調査の場合は、調査対象者との接触は旧来的方法、典型的には郵便で行うことになる。このタイプは筆者らも何度か行っているが、郵便で接触した調査対象者にウェブ調査への回答を求めるとき、回答サイトのURLを自分のパソコンなりスマホに入力してもらうという方法もあるが、回答サイトを示すQRコードを調査対象者に見せ、これをスマホのカメラで読んでもらうという方法が手間がかからない。そのため、このタイプの調査を行うときは、回答はスマホから来ると想定して回答画面をデザインする必要がある。

　なお標本抽出型の場合、旧来的な調査法と同じ問題を抱えることになる。つまり住民基本台帳も選挙人名簿も市区町村の管理となるため、調査対象地域が市区町村の境界を超える場合は労力という点でも技術的な知識という点でも急に難易度が上がる。また、調査経費も旧来的な調査法と同じように高くなる。したがって、標本抽出型はそう簡単に規模を大きくできない。

6　割り当て抽出

　単純無作為抽出は台帳に記載された全員が同じ確率で抽出される。そのため、単純無作為で抽出された標本から得られる値、たとえば平均年齢や男女の割合などは、標本誤差の範囲にしたがって母集団の値に近接する。旧来的な調査法でよく用いられる系統抽出などの代替法も、知識と経験をしっかり持った人がやれば、単純無作為抽出と同じような結果が得られることが経験的にわかっている。だがウェブ調査の場合、標本抽出型であれば標本抽出の手順は同じなので同様な結果が期待できるが、登録モニター型の場合は、そもそも登録モニターが母集団のどのあたりを網羅できているかがはっきりしないため、どうやって調査対象者を選べば母集団の値に近い数値が得られるかがわからない。こうした状況に

おいて、登録モニター型ウェブ調査では**割り当て抽出**（quota sampling）という方法が用いられている。

　割り当て抽出とは、母集団の構成に関する情報を事前に入手し、これに合致するように回答者を構成するという方法である。たとえば日本に居住する人の総数、このうちの男女の割合や各年齢の割合などの情報は、国勢調査などで得ることができる。割り当て抽出では、まず回答者の総数を決める。調査対象者の数でないことに注意して欲しい。何人に聞くかではなく、何人から回答を集めるかを決めるのである。これを決めたら、年齢別、性別などの割合が国勢調査などによって得られた情報と等しくなるように、回答者の数を割り当てる。そして、それぞれのカテゴリーに割り当てた人数からの回答が得られるまで、回答を集め続ける。こうすることで、回答者の構成は、母集団の構成の割合を反映したものとなる。

　実際に登録モニター型ウェブ調査を委託するとき、クライアント（調査を委託する側）は、回答者の合計数、つまり最終的にデータとして得られる件数を最初に指定する。事業者は、この総回収件数を一般的には年齢と性別（クライアントの依頼によって居住地や所得水準などを用いることもある）を用いて各カテゴリーに割り当てる。そして自社の登録モニターに対して、一斉に回答を依頼する電子メールを送信する。依頼に応じて送られてくる回答はオンタイムでチェックし、どのカテゴリーに入るか仕分けしていく。この時、回答依頼へのレスポンスが速く割り当て数を早く埋められるカテゴリーと、レスポンスが遅くなかなか埋められないカテゴリーが出てくる。たとえば20代前半の男性はすぐに割り当て数が集まったが、60代後半の女性はなかなか回答が得られず割り当て数も埋まらないといったことが起きる。この場合、先着順に回答を受け付け、割り当て数を充足したカテゴリーから回答の受付を停止していき、最終的にすべてのカテゴリーで割り当て数が埋まるまで回答を受け付ける。

　割り当て抽出の長所は、精度の高い標本抽出台帳が利用できない場合でも適用可能であることにある。このため、登録モニターが母集団をど

のあたりまで網羅できているかはっきりしないウェブ調査にとって、割り当て抽出はほぼ唯一の選択肢となっている。一方で、割り当て抽出の最大の短所は、標本誤差という概念が適用されないことにある。割り当て抽出が最初に用いられたのは、1936年のアメリカ大統領選挙のときで、ギャラップ社という世論調査会社がこの方法を用いて当選予測を的中させている。今でもそうだが、アメリカの大統領選挙は接戦になることが多く、当選者の予測が難しいとされている。当時新興のギャラップ社が当選予測に成功したというのは画期的なことで、割り当て抽出も多大な注目を浴びた。だが、意外に知られていないが、ギャラップ社は1948年の大統領選挙では当選予想を大きく外している。つまり、割り当て抽出は、母集団の値に非常に近い結果が得られることもあるが、大きく異なる結果が得られることも少なくない。割り当て抽出で母集団値を正確に予想できるとは、必ずしも言い得ないのである。

　なぜこのようなことが起こるかというと、割り当て抽出は確率抽出ではないからである。カテゴリーごとに回答者の数は割り当てられるが、そのカテゴリーの中でどうやって調査対象者を選ぶかについては、なんの制約もない。恣意的に、つまり声のかけやすい人、調査しやすい人から選んでいっても、問題とされないのである。そうなると年齢や性別など割り当てに使われた変数以外のところ、たとえば学歴や所得水準などで偏りが発生する可能性が高くなり、標本が代表性を持っているとはいえなくなってしまう。

　この点は世論調査など一次集計を目的とする調査を登録モニター型ウェブ調査で行う場合にもっとも注意すべきところだが、割り当て抽出を用いた調査では、母集団推定の際の誤差の幅を算出することはできない。理論的な根拠がないのである。さらに、経験的にも、首をかしげたくなるような結果が実際に出てくることが少なくない。事実、登録モニター型ウェブ調査は、個々人の態度や社会に対する意識について、確率抽出に基づく郵送法や訪問面接法の調査結果とは異なった傾向を示すことがあるといわれている（萩原 2009; 大隅・前田 2007・2008; 吉村 2020）。だが、どういう傾向かについては、海外の研究事例を見ても国によって異

なっており、なかなか一貫した方向性が見い出しにくい（Callegaro et al. 2014）。この点で、登録モニター型ウェブ調査の結果をどう受け止めるかについて、不確定な部分が小さくない。要するに、その結果を受け入れていいかと問われても、答えようがないというのが現状なのである。

　一般的に、母集団値の推定を行う調査項目と割り当てに用いた変数との間に強い相関がある場合、割り当て抽出は母集団値に近い結果を示すことがある。だが、大きく偏った結果を出すこともあり、そうした不確定性に対する不安から、アメリカの世論調査も戦後は割り当て抽出から確率抽出へと移行していった（Stephan & McCarthy 1958）。こうした歴史的経緯があるにもかかわらず今日のウェブ調査で割り当て抽出が採用される理由は、なによりもコストの問題にある。第1章でも触れたが、確率抽出を用いる旧来的な調査法に比べると、登録モニター型ウェブ調査は圧倒的に安い。特に大規模なものになると、調査経費の桁が1つ以上違ってしまうこともある。しかも、旧来的な方法で行った調査と比べてもそれほど大きな乖離を見せず、それなりに納得できる結果を示すことも多い。実用という点では特に深刻というほどの問題が発生しているわけではないが、それがなぜ機能しているかが理論的にも経験的にもわかっていない。根拠が明らかでない以上、その結果を信用していいか判断がつかない。「おそらく」あるいは「だいたい」といった以上の確信が持てないのである。これは調査を専門に扱う研究者にとって、非常に悩ましい問題である。

7　標本抽出型ウェブ調査の回答率

　前述のとおり、割り当て抽出を用いる登録モニター型は、母集団の値を推定するための根拠がはっきりしない。登録モニター型ウェブ調査への批判の大半は、この点に集中している。これに関していえば、同じウェブ調査であっても標本抽出型は大きなアドバンテージを持つ。だが、では標本抽出型のほうが登録モニター型よりも優れていると断言できるかというと、それも難しい。標本抽出型にも、母集団推定を行う際に悩

ましい問題がある。それは、回答率という問題である。

　調査対象者として特定し回答を依頼しても、全員がこれに応えてくれるわけではない。非回答、つまり答えてくれない人は必ずいる。標本として抽出した対象者の総数のうち実際に回答してくれた割合を**回答率（response rate）**または回収率という。回答率は高い方が望ましい。その第一の理由はコストパフォーマンスにある。標本を抽出し調査対象者に接触（訪問・郵送・電話などで）し、調査への協力を依頼したとする。回答率が高い調査でも低い調査でも、ここまでに要する経費は変わらない。となると、回答率が下がるほど、調査に協力してくれる人が少なくなればなるほど、回答1件あたりの単価は上昇する。つまり、コストパフォーマンスが低下することになる。現実として、これは切実な問題で、回答率があまり下がってしまうと、そもそも調査の計画自体が適切だったかを問われることになる。

　そしてコストパフォーマンスという点で見ると、標本抽出型ウェブ調査は非常に不利となる。つまり、標本抽出型ウェブ調査の回答率は、旧来的な調査法、たとえば郵送法などよりも低い（Tourangeau et al. 2013; Vehovar et al. 2002; Baker et al. 2010）。言い換えれば、標本抽出型ウェブ調査はコストパフォーマンスが低い非効率的な調査法であるということである。ちなみに、これは限定母集団型についても同じことがいえる。筆者（吉村）自身の経験をいうと、筆者は毎年、自分の所属する大学の在学生にウェブ調査を実施している。大学からすべての在学生に供与されるメールアドレスに対して調査協力の依頼を送り、就学状況や日常生活を調べているのだが、この回答率が20%程度しかない。筆者はそんなに人気がないのかと落ち込んでいたところ、海外で同じような事例、大学生に対して電子メールで接触するウェブ調査を行ったところ回答率が20%そこそこしかなかったという事例がいくつもあることを知った（Kaplowitz et al. 2004; Kwak & Radler 2002）。

　一般人口を対象とした標本抽出型であれば、筆者は住民基本台帳から抽出した標本を2つに分け、1つには郵送での回答を、もう1つにはウェブでの回答を求める実験を行ったことがある（吉村 2020）。このとき

の回答率は郵送で 56.6% なのに対し、ウェブでの回答率は 22.8%、つまり半分にも満たなかった。これは国内外の研究事例を見ても同じような結果のようで、ごく大雑把にいうと、ウェブ調査は同条件の郵送調査よりもおおよそ 10 〜 15% も回答率が低いという（Shih & Fan 2007; Manfreda et al. 2008; 石田他 2009; 萩原他 2018）。こうした研究事例は、詳しく見ていくと細かな部分の設定が異なっていることが多く、単純な比較は難しいが、それでも全体として見れば、標本抽出型ウェブ調査は回答率が低いと言い切って構わないだろう。

さらには、郵送で調査票を送ったとき、「ウェブでも郵送でもどちらで答えてもいいですよ」という設定の仕方をすると、郵送しか回答の方法がない場合よりも回答率がむしろ低下するという奇妙な現象も報告されている（Tourangeau et al. 2013; 杉野・平沢 2024）。こうしたやり方は国勢調査をはじめとして公的機関の実施する住民意識調査などでもよく使われているが、実は調査の技術という立場からいえば、ウェブでも郵送でも回答可能という方法は、回答率を高める作用はほとんど期待できず、むしろ低下させる危険が高い。

なぜ標本抽出型ウェブ調査の回答率は低いのか。限定母集団型などでは回答の依頼を電子メールで送ることが多いが、電子メールはスパムフィルタによって相手に届く前にブロックされたり、届いても開封せずにゴミ箱に捨てられることも多く、それが回答率の低さの原因の 1 つとなっていると考えられる（Manfreda et al. 2008）。だが郵便で回答を依頼するような場合でも、やはり回答率は高くない。この点については国内外で研究が進められているが、まだはっきりしないというのが現状である。

回答率が高いほうが望ましいという第二の理由は、回答率が低いと特定の特性や特徴を持った人だけが答えることになり、そのために集計した結果に偏りが生じるという懸念である。たとえば大学生であれば、学校によく来る真面目な学生、成績のいい学生ばかりが答えるだろう。成績の良くない学生や学校に愛着の乏しい学生が抜け落ちることで、実際よりも就学状況がいい、学校への満足度が高いという結果が得られてしまうだろう。一般人口の場合であれば、社交性が高く生活に余裕のある

人ばかりが答えることで、社会に対する批判的な意見が少ない偏った結果が得られてしまうだろう、ということである。社会調査の教科書あるいはこれを引き写したウェブサイトなどでは、回答率は高くなければならない、回答率が低い調査の結果は偏っているので信用してはいけないと書いてある。それは、こうした懸念に基づいている。

　だが、こうした懸念が事実であると言い切れるかというと、実はこれもよくわかっていない。調査に答えてくれる人が答えてくれない人とは違った特性や特徴あるいは属性を持っていることがはっきりすれば、この推測が事実であるといえるのだが、実際にはこうした特性や特徴の違いがはっきりしないことが多い。また、回答率が高い調査と低い調査とで異なる結果が出てくれば、回答率と偏りが関係しているといえるのだが、日本国内外の研究事例を見ても、回答率が高くなると結果が変わることを実証した研究はきわめて少ない。むしろ、様々な方策を駆使して回答率を高めても、その結果はほとんど変わらないという研究事例のほうが多い（吉村 2017）。実際に、近年アメリカでは電話法（RDD法[5]）による世論調査の回答率は 10% を下回ることもめずらしくないらしいが、これだけ下がっても、調査結果はほとんど変わっていないという（Pew Research Center 2017; 鈴木 2021）。標本抽出型ウェブ調査についても、回答率は決して高くないが、旧来型の調査法の結果と比べてもそれほど深刻な偏りがあらわれている様子はない（Vehovar et al. 2002; Lee 2006; 萩原

---

[5] RDD（Random Digit Dialing）法というのは電話法の一形態で、専用の機械あるいはパソコンを使って電話番号を無作為に自動発生させ、その番号に対して電話をかけ調査を行う方法である。古い電話法は電話帳から無作為に調査対象者を選んでいたが、これだとオペレーターがいちいち電話帳をめくる時間がかかり、また電話帳に番号を掲載しない人が網羅できなくなる。これへの対処として、機械を用いて電話番号を自動発生させ、その番号の人を調査対象とするという方法が考案された。市外局番は地理的に境界が設定されているので、市外局番を事前に指定して市外局番以下の番号を自動派生させることにすれば、その領域内での無作為抽出が可能となる。これはたとえばアメリカなどでよく使われている方法である。日本でも新聞社の行う内閣支持率調査などはこの方法を用いている。

2009; 吉村 2020）。

　なぜ回答率が下がっても偏りが大きくならないのか、その原因は実はまだよくわかっていない。非回答が増えれば結果は偏るのか、それとも関係ないのか。これは調査論を専門とする社会科学者を長い間悩ませ続けてきた問題であり、そして未だに結論の出ていない問題である。ただ、非回答の発生は偏りに影響を与えないと言い切れず、またその理由を理論的根拠に基づいて説明できていない現状では、標本抽出型の調査（ウェブ調査だけでなく旧来型の調査も含め）で標本誤差という概念が適用されるかという指摘がされても、この疑問を払拭することは難しい。理論的に、標本誤差は確率抽出である場合に限り適用される。だが、標本の抽出作業を作為性が働かないように厳密に行っても、抽出された調査対象者の意志によって非回答が発生する、つまり個々人の恣意的な判断によって回答者が確定するということになれば、回答者が代表性を持つとは言い切れなくなってしまう。この点、ウェブ調査に話を限っても、標本抽出型のほうが登録モニター型よりも優れている、信頼できる結果が得られるとは断言できないのである。

　なお、登録モニター型には回答率にあたる数字がない。調査を実施した事業者が公表しないのではなく、そもそもそういう概念がないのである。前述のとおり登録モニター型は割り当て抽出、つまりモニターに対して一斉に依頼をかけ性別や年齢のカテゴリーごとに必要な数の回答がそろったらそこで終わりというやり方であるため、標本として何人を抽出するかを考える必要がない。したがって非回答誤差という概念も適用されない。それは、非回答が発生していないとか偏りが生じていないということではない。そうではなく、それを把握し計測する方法が見つかっていないということなのである。

8　二群比較

　社会科学の調査では、母集団の推定によって社会事象を把握するという方法の他に、もう1つ別の方法がある。これについて、まず1つの

事例を紹介したい。第二次大戦開戦時、真珠湾攻撃を受けアメリカの参戦が決定したとき、アメリカ陸軍は徴募した新兵をどうやって短期間で教育・訓練するかという課題に直面した（Hovland et al. 1949）。当時のアメリカ軍に限らず、新兵の訓練というのは大きな課題であるらしい。新兵といっても、その内実は昨日までバスケットボールに熱中していた大学生やガールフレンドと結婚の相談をしていた若者たちである。平和な生活をしている人に銃を持たせて地球の反対側まで連れて行こうというわけだから、そう簡単にいくわけがない。しかし、こういう新兵を可能な限り短時間のうちに軍隊の生活に適応させ、兵士として戦線に立たせる必要があった。

　この課題の取り組みとして、教育用映画を作成し、（退屈な）上官の講義に代えてこれを見せることで効率的な新兵訓練ができるのではないかというアイデアが出された。このために、アメリカ陸軍は実際に50分ほどの戦意高揚映画を何本も作成している。だが、こうした映画を見せても、本当に兵士の戦意高揚という点で効果があるのかという疑問が提示された。この当時はまだテレビもない。映画は当時の最先端の娯楽だったが、果たしてこれを使って国家の宣伝（プロパガンダ）を行っても、人々がそれを信じてくれるか危惧された。そこで、この戦意高揚に及ぼす映画の効果を、実験を通じて検証しようと考えたのである。

　実験の方法は、まず新兵1,200人を2つのグループに分け、片方のグループには戦意高揚映画を見せ、もう片方のグループには映画を見せなかった。そして、映画が終わった後、2つのグループでそれぞれ戦意がどれぐらい高いかを調査票（アンケート用紙）で聞き、グループごとの平均を出した。戦意高揚映画を見たグループのほうが見なかったグループよりも戦意が高ければ、映画には効果があったということになり、もし2つのグループで戦意に差がなければ、映画には戦意高揚の効果がなかったことになる、というわけである。このように、ある操作を対象者に施し、その操作が効果があったかどうかを、操作を施さなかった別の対象者と比較することで測定する方法を、二群比較という。二群比較は、心理学や教育学などの社会科学に限らず疫学などでもよく使われる。

9 無作為割付

　この二群比較を行うときに注意すべきことは、操作を行う（映画を見せる）グループと操作を行わない（映画を見せない）グループ、つまり実験群と統制群の2つのグループが必要となるという点である。このとき、実験群と統制群は、操作を行う前は等質でなければならない。つまり同じような人たち、同じことを考えている人たちに対して、ある人（実験群）にはなんらかの操作を施し（つまりこの例でいえば映画を見せ）、それ以外の人（統制群）には操作を行わず（映画を見せない）、その後にこの操作がどのような影響を与えたかを測定するのである。実験群と統制群の違いは操作を受けたかどうかだけなので、もし2つのグループで態度や行動に差が出てくれば、その違いは実験で施した操作の効果であると判断できる。ところが、もしも1つのグループに裕福な家庭の出身者ばかり、高齢者ばかりが集まるようなことがあれば、結果として出てきた差が実験で行った操作の効果なのか、それとも出身階層や年齢の違いによって生じた差なのかが判別できなくなる。この、操作をする前の2つのグループの差をなくすために用いられる方法が**無作為割付**（random assignment）と呼ばれる。

　無作為割付の原理は非常に単純である。無作為抽出と同じく、実験に参加してくれる人（被験者）をくじ引きによって2つに分ける。くじ引きであれば、1人1人がどちらのグループに分けられる確率も同じなので、ある程度人数が多ければ、2つのグループは同じ構成になる。

　無作為割付は無作為抽出と並んで、標本調査において科学の求める一般化を実現するための原理である。ところが、無作為抽出と同様、この無作為割付も実際にはなかなか理論どおりにはいかない。これは、個々の実験が行われる具体的な状況によって様々な制約を受けるからである。この戦意高揚映画の例では、教育訓練プログラムの運営上、実験群と統制群との振り分けは個人ではなく中隊を単位にして行うことが求められた。だが中隊ごとに振り分けると、実験群と統制群が異なってくる可能

性が生じる。つまり実験群となった中隊に比較的裕福な家庭出身の者が集まっていて統制群となった中隊は貧困家庭出身者の割合が高い、というようなことが起こり得る。そこでこの実験では、まず各中隊がどのような構成になっているか、兵士の年齢や教育水準、出生地や適性テストの結果などを一覧にした。そして駐屯地ごとに、この中隊の内部構成がもっとも似通っている中隊を選び出し、これを実験群と統制群として抽出するという方法をとっている。こうすることで、実験群と統制群とが可能な限り均一になるようにしたのである。

10 交絡要因

　ここまでの話を整理しよう。なんらかの経験をさせたり刺激を与えることで個々人の行動や考え方に変化が生じるかどうかを調べる場合、人為的な操作を行った後に関心の対象となる考え方や行動（この例でいえば戦意の高さ）を測定する必要がある。これを**結果変数**（outcome variable）という。実験群と統制群の間でこの結果変数の値に差が生じている場合、実験で行った操作の効果があったとみなし、差がなければ効果がなかったと判断する。だがこの結果変数は、実験で行った操作以外の影響も受ける可能性がある。たとえば被験者の年齢や教育水準、家庭背景やそれまでの社会生活経験などである。こうした、実験による操作以外で結果変数に影響をおよぼす要因を**交絡要因**（confounding factor または confounder）という。交絡要因が働くと、実験群と統制群の差が本当に実験による操作の影響なのかがわからなくなる。

　原理からいえば、被験者を無作為割付できる場合は交絡要因を考慮する必要はない。ところが無作為割付ができない場合は、交絡要因の影響をなんとかして排除しなければならない。このために交絡要因として働く可能性のある項目あるいは変数を事前に予測し、実験群と統制群の間でこれらの項目について同じになるように調整、つまり対象者を入れ替える必要がある[6]。だが、こうした調整は結果変数への影響が事前に予想できる項目には適用できるが、予想外の項目の影響は排除できない。

こうした点からいえば、実験群と統制群の両方を構成する個々人つまり被験者は、同質的であることが好ましい。アメリカ陸軍の調査者は年齢・教育水準・出生地・入営時の適性テスト結果の４点について中隊の内部のバランスが同じになるように実験群と統制群を選んでいるが、もしもこの時の新兵の全員が同年齢、同学歴、そして出生地も同じであったのならば、入営時の適性テスト結果だけを見て実験群と統制群を決めればよかったことになる。これは作業の手間がかからないというだけでなく、被験者の数が少ないときには大きな利点となる。社会心理学の実験はよく大学生を使って行われているが、これは大学で教えている社会心理学者にとって大学生が協力を求めやすいからというだけでなく、同じ大学の大学生であれば年齢や知的能力だけでなく家庭の所得水準や生活経験もきわめて近似したものとなり、予想していなかった多様性が実験結果に影響を与える可能性が低くなるという事情もある。

　ただし、これによって問題点も生じる。それは、同質的な被験者を用いることで排除した多様性が、効果の有無や強弱に与える影響を見逃す可能性である。わかりやすくいえば、高学歴者の間で観察された効果が学歴の低い人たちの間でも同じように観察できるのか、あるいは若年者の間でみられた効果が高齢者の間でも同じようにみられるのか、といったことである。こうした状態を専門用語で、内的妥当性（internal validity）が高く外的妥当性（external validity）が低いという（Auspurg & Hinz 2014）。

11 「すでに存在する差異」

　社会心理学や教育学では上記のような二群あるいはそれ以上の群間で比較実験をよく行うが、状況によっては被験者に操作を与えることに倫

---

[6] もう１つの方法として、交絡要因の影響を後から数学的に統制（control）するという方法がある。これが傾向スコア分析（propensity score analysis）と呼ばれる統計的手法で、近年、特に政治学や疫学などの領域で積極的に利用されている。

理的問題が発生することがある。たとえば暴力的な描写の多い映像を見せることで被験者の行動にも暴力的な傾向がみられるようになるかを調べる場合、それまで行動に問題のなかった被験者が映像を見ることで実際に暴力的な行動をするようになり家族や友人に迷惑をかけるようになったとしたら、それは倫理的に看過し得ない。このため、こうした事態を回避するために、実際には操作をせずに仮想の状況を提示してそれに対する反応を測定する（三浦 2020）、あるいは被験者の間ですでに存在している差異を結果変数とし、実験でいう操作にあたる経験や心理的特性などを先行要因（説明変数）として、この両者の関係を調べるといった対応がとられている。

　問題は、この後者の場合である。実験による操作を行う場合、被験者は同質的なほうが望ましい。ところが、すでに存在している差異から先行要因の影響を調べる場合、調査対象者（実験による操作を加えないのだから、被験者という言葉よりも調査対象者という言葉のほうが適切であろう）が同質的だと、結果変数も先行要因となる諸変数も同質的となる、要するに全員が同じという事態が生じやすくなる。たとえば自宅学習時間の長さが学力におよぼす影響を調べようとしても、同じ学校の高校生（あるいは大学生でもいい）であれば、学習時間も学力もほとんど同じようなものとなる。所属階層とパーソナリティ特性の関係について調べようとしても、同じ大学で同じ授業を履修している学生であれば、家庭の状況もこれまでの社会生活経験もほぼ同じようなものになり、その結果として構成されるパーソナリティも似かよったものになる。つまり比較にならない。これは冗談ではなく、特に大学生や大学院生の行う調査では非常に多くみられる失敗である。

　対象者の間にすでに存在する差異を結果変数とする場合、結果変数だけでなく、これに先行する経験や心理的特性などを測定した変数にもばらつき（variability）が必要となる。こうなると対象者が同質的であることにはメリットがない、いや、好ましくないという表現のほうが正しい。対象者ができるだけ異質で多様なほうが好ましい。だが、多様な調査対象者を集めるのは難しいため、どうしても集めやすい大学生に目が向い

てしまうという実情がある。

12 二群比較におけるウェブ調査のメリット

この点で、登録モニター型ウェブ調査は革新的といってよい。二群比較を典型とする、因果関係をモデル化した統計分析、統計学で model-based approach あるいは model-based inference と呼ばれる領域では、標本の代表性はさほど問題とならない。母集団の姿を予測するのが目的ではなく、変数同士の関係を把握することが目的だからである。そうなると、登録モニター型ウェブ調査は、旧来的な方法よりもはるかに多様な対象者と容易に接触できるという点で大きなメリットがある。これは特に心理学や社会心理学にとって大きな魅力となる。社会科学でも、社会学や政治学のように母集団推定を目的とすることの多い領域では、モニター登録型ウェブ調査に対しては慎重な意見が多い（Baker et al. 2010; 日本学術会議 2020）。だが、二群比較実験を理想形とする心理学や社会心理学にとっては、大学生を対象者とするという制約から解き放たれ、これまでよりも年齢や学歴、居住地といった点で多様な対象者であったり、高齢者や外国に居住する人など、これまでであれば個別に接触することが困難だった対象者のデータを手に入れることができる。そして、これまでよりも多数の対象者を集めることができるために、乱数を発生させて回答者を無作為に2つあるいは3つ以上のグループに振り分け、グループごとに異なる実験操作を組み入れて比較することも容易となる。すなわち、実験的な検討をしようとするときにも大いに活用できる。こうした点で、登録モニター型ウェブ調査はこれらの領域の研究活動を飛躍的に進める可能性を持つ。

13 回答が信用できるか？

ただし、登録モニターを対象とすることによって、今度は別の問題への対応が迫られる。それは、回答者が真面目に答えてくれているのかと

いう疑問である。調査票を渡して回答を依頼する場合、あるいは調査対象者と対面して口頭で質問をする場合、相手がきちんと真剣に答えてくれているのかという疑問は、一般的にアンケート調査と呼ばれる営為では古くから付きまとってきた。社会学などでは今でも訪問面接法を理想と考える人が多いが、この1つの理由は、調査員が回答者と対面している状況では、回答者がきちんと答えているか、いい加減なことを言っていないかを調査員がその場で確認し、もし疑わしいときは正確な情報を提供してもらえるように回答者に働きかけることができるからである。つまり情報の正確さを調査員によって確保しようとするのが訪問面接法という方法の特徴といえる。ところが郵送法ではこうした対応がとれない。返送された調査票を見ると明らかに勘違いして答えていると予想できる場合でも、どこが勘違いだったのか、どういう内容が正しい答えなのかは、確認のしようがない。それ故に郵送法は長い間、低い評価を与えられてきたのである。

　他方、社会心理学などで大学生に回答してもらう場合、授業中などの時間を使って教室や実験室で行うことが多く、依頼を受けた人が回答している様子を依頼した側が観察できる。このような状況で明らかに手を抜いていい加減な回答をするというのは、そうそう起こるものではない。また、教室ではなく家に持ち帰って回答するというような場合でも、授業などで世話になっている先生に頼まれたということであれば、きちんと答えなければいけないというプレッシャーがかかる。むろん、それでもきちんと答えてくれないことは、ある程度発生する。ただその発生率はそれほど高いものではないし、コンピュータに入力する際に回収した調査票あるいは質問紙を見れば、たいがいは発見できる。ところが登録モニター型ウェブ調査の場合、回答してくれているのが誰なのか、回答を依頼した側にはわからない。回答している様子も見えないし、どんな人なのかもわからない。その点で回答を依頼した側には不安が付きまとう。さらに学問を志す人ではなくお小遣い程度の謝礼を目的に答えている人ということになれば、きちんと回答しているかどうか、猜疑心がふくらんでいく。すると、こうした「不正な回答」をどうやって発見し、

排除するかという新たな問題に直面することになる。

14 最小限化

最小限化（satisficing）という言葉は、ノーベル賞経済学者のサイモンが意思決定を論じた際に用いた造語である（Simon 1956）。経済学の基本発想として、個々人あるいは企業が意思決定を行う場合、可能な選択肢すべてについて、それが将来もたらす利得を1つ1つ予測し、これらを比較して最大の利得をもたらす選択肢を選ぶことができることになっている。だが現実には私たちが知り得ることは限られているし、情報を得るためにかけられる時間も労力も無限ではない。したがって多くの場合、私たちは時間と労力を節約し、必要な範囲でとりあえず十分と判断できるような選択肢で妥協しているというのがサイモンの指摘である。

この発想を調査票への回答に持ち込んだのが、クロズニックという社会心理学の研究者である。クロズニックによると、調査票への回答はかなり頭を使う認知的負荷（cognitive burden）の高い作業であり、難しい質問が次々に並ぶ長い質問紙に答えていると、回答者はだんだん疲れてくる。その結果として、質問の文章を正確に読み自身の状況を顧みて正確な回答をするよりも最小限の労力で回答する、つまり質問文をきちんと読まずに目についた選択肢を回答することでその場をしのごうとする行動が観察されるようになるという（Krosnick 1991）。

クロズニックの指摘する最小限化行動は、登録モニター型ウェブ調査が普及すると、急に注目を浴びるようになる。これは実際にやってみるとわかるが、ウェブ調査では質問文章を明らかに読んでいないという回答や、どの質問もすべて同じ場所の選択肢を選んだり（ストレートライニング）、すべて「わからない」という選択肢を選んでいる回答があらわれる。なお、経験的に、こういった回答は紙の調査票を使っているときは意外に発見しやすい。パソコンに入力する際に回答の記入された調査票を見ていると、直感的にわかるのである。ところがウェブ調査の場合、調査をする側はExcelのようなデータシートになった状態で初めて

回答を目にする。縦横に数字が並んでいるだけなので、意識して見ないと気がつかないのである。

　だが、このようなおかしな回答は、調査結果に深刻な影響をおよぼす。最小限化によって生じる不正確な情報は、非標本誤差の分類でいうと測定誤差に含まれる。測定誤差は、ランダムな誤差になることもあるし、体系的な誤差になることもある。つまり適当に思いつくままに選択肢を選んでいるのであればランダムな誤差となり、集計の段階で分散が大きくなる、すなわち正確な値を予想しにくくなる。さらにもし同じ選択肢ばかり、たとえば一番上の選択肢ばかり、あるいは一番左のところばかり選択していると体系的な誤差となって集計結果が偏る、つまり一定の方向へ集計値がずれてしまい、正確な値が予想できなくなる。

　そして登録モニター型ウェブ調査の場合、この最小限化によると推測される「不注意回答」あるいは「不正回答」の発生頻度は決して低くない。チェックの仕方にもよるが、こうした不注意回答の発生が総回答者数の 20% に上るという事例も報告されている（Shibutani et al. 2023）。したがって最小限化の防止と、発生したものについてはその判定と排除をどのように行うかが、ウェブ調査の大きな課題となる。この問題は、次章で改めて議論したい。

第4章　測定のしかた

　社会科学は人間の行動や考え方、価値観や文化を研究の対象とするが、これらのなかには、個々人が数字で答えられるものと、そうでないものがある。たとえば自分の年齢や一緒に住んでいる家族の人数、所得などを調査で聞かれたとき、私たちは数字で答えられる。他方、物事に対する好き嫌い、政治に対する考え方、職場で感じるストレス、疲労、社会的な地位や自分の能力などは、個々人が普段から数字として自覚しているものではなく、したがって調査のときに数字で答えるように求められても答えられない。

　だが調査によって収集されたデータを統計分析するときは、すべての情報が数字となっている必要がある。つまり調査では、回答者が数字で答えていないものも数字に置き換えることになる。これが一般的に**測定**（measurement）といわれる過程で、標本抽出と並んで、社会科学の調査の技術の中核を構成する。

1　4つの尺度

　調査によって回答者から得る情報は、大きく以下の4つに分けることができる。

　①**名義尺度**：個々の数字が識別のための番号、つまりカテゴリーに

割り当てられた番号でしかないもの。たとえば男性に1、女性に2という数字を与える場合などが、これにあたる。

②**順序尺度**：個々の数字は識別のための番号だが、数字の大小は順序を示すものとなり、任意に入れ替えができない場合。たとえば学歴を調べる際、中卒に1、高卒に2、短大卒に3、大卒に4という数字が与えられる場合、数字が大きくなるほど学校に長く通ったことを示している。

③**間隔尺度**：個々の数字がなんらかの目盛となっているもので、その間隔に意味があるもの。気温やテストの点数などがこの区分となる。このとき、数値と数値との間隔は等しい、たとえば気温が0℃と1℃のときの違いは、10℃と11℃のときの差に等しいとされる。

④**比例尺度**：間隔尺度と同じく、なんらかの目盛となっているもので、0を原点とするもの。たとえば身長や体重などがこれにあたる。間隔尺度の場合、0という点はあくまでも任意に定めたものに過ぎないが、比例尺度の0は特定の状態、つまり「ない」ことを示す。その意味で、比例尺度の0は任意には定められない。

　この4つは、数字となったときの性質が異なる。わかりやすい点をあげると、名義尺度と順序尺度は四則計算が適用できない。男性を1、女性を2としても、男性が2人集まると女性1人と等しいというわけではない。順序尺度も同じで、引き算をしたときにプラスになるかマイナスになるかは意味がある（大小の方向性がわかる）が、足し算や掛け算には意味がない。また引き算にしても、その値の大小には意味がない。それに対し、間隔尺度では足し算と引き算が、比例尺度では四則計算すべてが適用できる。つまり、統計分析に持ち込んだとき、名義尺度・順序尺度・間隔尺度・比例尺度の順に適用できる統計的分析手法が増える。

　こうした性質の違いは、集計結果の使われ方と関係してくる。回答の

件数を数える、つまり単純集計が目的の場合、名義尺度であっても何ら問題はない。実際、内閣府の行うものを含め、世論調査の項目は大半が名義尺度によって構成されている。これは世論調査が、ほとんどの場合で単純集計として使われるためである。これに対し、比較を目的とする場合や複数の変数の間の関係を明らかにすることが目的の場合は、データが間隔尺度や比例尺度となっているほうが扱いやすい。つまり、適用できる統計的手法が増える。同じ公的機関が行う調査であっても、たとえば世帯所得や賃金など平均値を得ることが目的の場合は、調査項目が間隔尺度・比例尺度で構成されていることが多い。

社会科学の調査の場合、複数の変数同士の関連を調べることが目的となることが多い。したがって学術調査の場合は、名義尺度よりも順序尺度、そして順序尺度よりも間隔尺度・比例尺度になっているほうが好ましい。ところが、聞かれる側からすると、間隔尺度で聞かれると答えにくいことが少なくない。たとえば「職場でどれぐらいストレスを感じているかを数字で答えてください」と頼まれたら、聞かれたほうは間違いなく困る。

この点は意外に忘れられやすい。調査者は、質問項目の選択や項目文の作成は比較的慎重に行うが、どのように回答してもらうか、という回答方法については、深く検討しないことが多い。しかしながら、回答者にとって答えにくいような回答形式であると、回答を中断してしまったり、ミスが増えたりする。つまり調査する側にとって都合のいい聞き方と、回答する側にとって答えやすい聞き方とは必ずしも一致しない。また回答者は、用意された選択肢を見て、質問の意味や調査者の意図などを推察することがあり、それは結果に大きな影響を与える。したがってどのように聞くかというのは、実はかなり重要な判断となる。

2 尺度の置き換え

名義尺度・順序尺度・間隔尺度・比例尺度という上記の4つの分類は、本来的には収集する情報の内容によって決まるが、実際には調査の実施

上の理由から、あるいは適用する統計分析の手法に対応するために、この種類を置き換えることが行われる。たとえば学歴を聞く場合、中卒・高卒・短大卒・大卒という選択肢は順序尺度になっている（後の選択肢ほど高学歴になる）が、これを9・12・14・16という数字で置き換えることがよく行われる。勘のいい人は、これが何を意味するかわかると思う。つまり、学校に通った年数ということである。これは順序尺度を比例尺度に置き換えた例であり、こうすることで統計分析の際に適用できる手法が増える。

同様な例として、社会学者が用いる「職業威信スコア」がある。社会学者が行う調査では、職業（経理事務職員、配送トラック運転手、市議会議員など）を聞くことが多い。職業は名義尺度として回答を得るが、この回答の内容1つ1つに100点を最高点とするスコアを与えることがある。これが職業威信スコアと呼ばれるもので、その回答者の社会的な地位を示す間隔尺度の指標とみなされる。つまり職業威信スコアの高い職業についているほど、その人は社会的に高い地位にいるとみなされる。これも名義尺度を間隔尺度に変換した例であり、これにより社会学およびその関連領域では豊かさに関する統計的分析の幅が飛躍的に広がった[1]。

他方、間隔尺度あるいは比例尺度を順序尺度に変換することもある。この例として所得を聞く場合があげられる。就業構造基本調査と国民生活基礎調査は国が行う公的統計調査であり、ともに世帯の所得あるいは年収を聞いている。平均世帯所得という言葉をテレビなどでよく聞くが、この情報源となっているのがこの2つの調査と思ってほしい。このうち、国民生活基礎調査では世帯の所得を万円までの金額、つまり数字で答え

---

[1] 日本ではSSM調査の研究グループが、この職業威信スコアによる社会的地位の分析を担ってきた（都築 1998）。ちなみに、どうやってこのスコアを計算するかというと、事前に協力者を募り、その人たちに個々の職業の名称を書いたカードを見せ、どの職業が望ましいかをランキングしてもらい、このランキングに応じて得点を与えている。この際の、調査の細かい手順をどう変えるとスコアがどう変わるかといったことは、重要な研究課題である。

させている。これに対し就業構造基本調査では、世帯の年収を 100 万円の幅（1,000 万円を超えると幅が広くなり、2,000 万円を超えると「2,000 万円以上」として一括される）ごとのカテゴリーに分け、14 個のカテゴリーから 1 つを選択させている。つまり本来は比例尺度である世帯年収を順序尺度に変換して聞いているのである。

　調査後の統計分析を考えると、順序尺度よりも間隔尺度・比例尺度のほうが望ましい。にもかかわらず、なぜこれをわざわざ順序尺度に変換しているかというと、なによりも回答者にとっては順序尺度のほうが答えやすいからである。年収などの金額は、大体のところは知っていても厳密にいくらと聞かれるととっさに答えられないという人は多い。そうなると、数字で答えるように言われると困ってしまう。実際、国民生活調査では、比例尺度で回答してもらうために、調査対象者に対して源泉徴収票や確定申告書を用意してこれを見ながら回答するように求めている。正確な数字を覚えている人は、きわめて少ないからである。だが、源泉徴収票や確定申告書は日常持ち歩くような書類ではなく、ほとんどの人が机の引き出しや金庫にしまっており、これをわざわざ探し出してくるのは手間がかかる。そのため、これを用意してから回答するように言われると、回答する側には少なからず抵抗を感じる人も出てくる。これに対して就業構造基本調査では、世帯年収をカテゴリーの中から選ぶようになっており、正確な数字を回答する必要がないため、源泉徴収票も確定申告書も必要ない。これは、回答する側からすると答えやすい。

　順序尺度のほうが答えやすい例は、金額だけでなく時間や回数を聞く場合でも観察される。たとえば通勤時間について「何分」と聞かれるよりも 30 分ごとに分けて順序尺度で聞かれるほうが答えやすい。だが、このような変換を行うと回答に影響が出る場合があることも理解しておく必要がある。これについては面白い事例が報告されている。シュワルツらは、1 日のテレビの視聴時間を聞く際に 2 つの調査票を用意し、その 1 つ（低域型）では、2 時間 30 分までの間を 30 分刻みで 5 つの選択肢とし、これに「2 時間 30 分以上」という選択肢を加えて 6 つの選択肢から選択させ、もう 1 つ（高域型）では「2 時間 30 分以内」を一番小

さいカテゴリーの選択肢とおき、これに加えて 2 時間 30 分以上で 30 分ごとに刻んだ 5 つの選択肢（最後の選択肢は 4 時間 30 分以上としてある）を与え、これら 6 つから 1 つを選択させた場合を比較する実験を行った。つまり低域型は 2 時間 30 分以下で 5 つの選択肢があるのに、高域型では 1 つしかなく逆に 2 時間 30 分を越えるものが 5 つもある。このように選択肢の与え方を変えると、2 時間 30 分以上テレビを見ると答えた人の割合が、低域型では 16.2% だったのに対し、高域型では 37.5% となった（Schwarz et al. 1985）。どういうことかというと、回答者は中央に位置する選択肢が人々の典型や平均を示しているとみなして自分の回答を決めることがあり、そのため中央に配置される選択肢が異なると回答が変化することがある（Tourangeau et al. 2004）。

3　回答の形式

これまでの尺度の種類を念頭に、具体的にどのように質問の回答を求めたらよいかを考えていきたい。ここでは（1）択一式回答、（2）複数回答式、（3）評定法、（4）自由回答の四種類について解説する。

(1) 択一式回答

択一式回答とは、質問に対する回答を選択肢として提示し、その中で自分に合致するものを 1 つだけ選んで回答する方法であり、名義尺度あるいは順序尺度で使われる。紙の調査票を用いていたときは、年齢や出生年など間隔尺度の質問は数字を直接書き込んでもらうことが多く、そのために択一式ではなく自由回答に分類していた。だがウェブ調査になるとプルダウンなどの回答画面設定で択一式とすることも増えた。

択一式回答は、1 つしか回答を選ばない。したがって、回答者にとって両立し得る選択肢を含めてはならない。また、回答者にとって選ぶべき選択肢がないということも避けねばならない。これは「重複がなく取りこぼしがない」（MECE: mutually exclusive, collectively exhaustive）状態といわれ、択一式の原理とされる。だが、言葉でいうのは簡単だが、実

際の質問にすると、これが難しい。

この例として、出生地つまり生まれた都道府県を聞く場合を考えてみる。

> 問：「あなたが生まれたのはどこですか。都道府県でお答えください」
> 　　　　北海道
> 　　　　青森
> 　　　　　：
> 　　　　沖縄

47都道府県を紙に並べると長くなるが、ウェブ調査ではプルダウンとして設定できる。プルダウンというのは、回答画面上で回答欄をタップする（あるいはカーソルをそこに移動させる）と別ウィンドウが開き、そこに選択肢が表示される方式である（**図 4-1**）。このウィンドウはスクロールできるようになっており、そこに多数の選択肢を設定できる。実

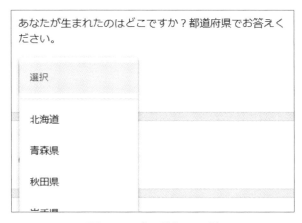

図 4-1　プルダウンの例

際、ウェブ調査では、都道府県は自由回答ではなく択一式の質問となることが多い。ところが、このように47個の選択肢を設定した択一式の質問にすると、答えられない人が出てくる。これはすぐにわかると思う。そう、海外で生まれた人は、これでは選べる選択肢がない。この状態は、用意された選択肢だけでは起こり得る回答を網羅できていない、つまり「取りこぼしがない」状態になっていない。

　実は、こうした例は頻繁に起こっている。もう1つの例をあげよう。

> 問：「あなたの最終学歴は次のどれにあたりますか」
> 　・中学
> 　・高校
> 　・2年制短大・専門学校
> 　・4年制大学
> 　・大学院

　ちなみにこれは20年ほど前、筆者がある施設の職員研修に呼ばれたときに実例として聞いた質問だが、この研修に参加した職員は誰も答えられなかった。どういった施設かわかるだろうか。意外に思うかもしれないが、この施設とは病院である。この当時はまだ4年制の看護学部が少なく、看護師のほとんどは3年制の高等看護学校を卒業していた。さらに医学部は6年制の大学であり、大学院ではない（医学部を卒業しても修士号はもらえない）。となると、看護師も医師もあてはまる選択肢がないのである。学歴については、この他にも高等専門学校（中学卒業後5年間）、防衛大学校や水産大学校（4年制で卒業後に学位は得られるが文部科学省の規定では大学とされない）など、分類に迷うものが少なくない。

　もう1つ別の事例をあげる。これは2022年11月に内閣府が行った「男女共同参画社会に関する世論調査」で実際に使用された質問である。

> 問：「育児や介護、家事などに費やす時間を男女間でバランスのとれたものとし、職業生活における女性の活躍を更に推進するためには、特にどのような支援が必要だと思いますか」
> - 長時間労働慣行の是正やテレワークの推進など、育児や介護、家事などに用いることができる時間を増やすための勤務環境の整備
> - 育児や介護のための休業制度や短時間勤務制度など、仕事との両立を支援するための施策の整備
> - 保育施設や介護施設の整備など、育児や介護をサポートする設備やサービスの整備

　これが回答に困るというのはすぐにわかると思う。つまり3つの選択肢の違いがわからない。特に最初の2つの内容はまったく同じにみえる。おそらく、この質問を作成した担当者は、このタイミングでなにか具体的な政策案が複数提案されていて、そのどれが国民の支持を得やすいかを真剣に考えていたのだろう。だが、回答を求められている人は、その政策案の詳細を知らない。どの政策が誰を対象としていて誰が対象から外れるか、実際にどこに行ったらどのような支援が受けられるのか、またそれを受けるためにどのような手続きをする必要があるのかなど、具体的なことが全くわからない。その状態でどれかを選べと言われても、回答に困る。ほとんどの回答者は「すべて大切」と答えたくなるはずである。これは、選択肢が相互に排他的でない状態、選択肢同士の重複がある例である。

　もう1つ内閣府世論調査から事例をあげる。同じく2022年11月に実施された「自衛隊・防衛問題に関する世論調査」には次のような質問がある。

> 問：「自衛隊に関心がある理由は何ですか」
> ・日本の平和と独立を守っている組織だから
> ・国際社会の平和と安全のために活動しているから
> ・大規模災害など各種事態への対応などで国民生活に密接なかかわりを持っているから
> ・マスコミなどで話題になることが多いから
> ・国民の税金を使っているから

　この質問は、この前に「自衛隊に関心がありますか」という質問があり、そこで「関心がある」と答えた人だけを対象としている。そのため、「そもそも自衛隊に関心はない」という選択肢を与える必要はない。それはいいのだが、なぜこの中で1つを選ぶ必要があるのか。これを択一式で聞くということは、一番上の「日本の平和と独立を守っている組織だから」と回答した人は、自衛隊は国際社会の平和と安全のために活動していない、あるいは大規模災害などに対応していないと考えていることになる。この自衛隊の例も育児介護の例と同様、選択肢が相互に排他的になっていない典型例である。

　このように、回答選択肢が名義尺度の場合、MECEの原則を遵守するのは意外と難しい。ではどうすればよいか。選択肢が足りない場合は「その他」という選択肢を足し、自由回答でその内容を求めるという対策がとれる。選択肢が重複しているという場合は、そもそも選択肢を作り変えなければならない。だが、この問題は名義尺度の場合だけでなく、順序尺度でも起こる。この例として次の質問を見てみよう。

> 問：「国家間では、国境の画定や領有関係をめぐる紛争が各地で起こっており、日本も韓国と、島根県の竹島をめぐって領土問題があります。あなたは、この竹島について関心がありますか」
> ・関心がある
> ・どちらかといえば関心がある
> ・どちらかといえば関心がない
> ・関心がない

　これは 2022 年 2 月の内閣府「竹島に関する世論調査」の質問である。この回答選択肢は、「関心がある」から「関心がない」まで、関心の度合いがどれぐらい強いかを指し示す順序尺度になっている。順序尺度の場合、選択肢の重複は生じない、つまり「関心がある」人が同時に「どちらかといえば関心がない」ということは起こらない。その点ではいいのだが、この選択肢には取りこぼしがある。つまり、答えたくても自分にとってあてはまる選択肢がないという人が出てくる。それはすぐにイメージできると思う。そう、竹島を知らない人である。竹島を知らない人は、この質問には答えようがない。

　外交などを含め政治や政策にかかわる調査では、調査対象者が聞かれたことを知らないということが少なくない。この場合、知らない以上、好き嫌いや賛否を答えようがなくなる。こうした場合の対応としては、順序尺度に加え「わからない」「知らない」という選択肢を用意する必要がある。ちなみに、この内閣府世論調査でも、実際には 5 つ目の選択肢として「竹島を知らない」という選択肢が用意されている。

　だが、「わからない」という選択肢は悩ましい。というのは、こうした選択肢を加えることで、回答する側としては回答しやすくなる。ところが調査を行っている側からすると、この選択肢は他の選択肢とは異なる次元にあるものであり、これを選択した場合は、どのように分析していいかわからなくなる。そのため、こうした「わからない」「知らない」「おぼえていない」など、一般的に DK（don't know）回答と総称される

ものは、無効回答とみなされ集計結果から除外される。そうなると有効回答数がその分だけ減ることになり、調査のコストパフォーマンスが低下する。この点を重視し、DK回答に相当する選択肢を与えないことを推奨する研究者も多い。ただ、もしもDK回答を許容しないとすると、本当に知らない人は回答に困ってしまう。

　このあたりはまだ研究者の間でも合意が得られていない。だが、本当に知らない人に無理に何かを選ばせると、回答に偏りが生じる可能性が出てくる。たとえば近年問題になっているのが、内閣支持率調査での「重ね聞き」である。これについてはネットで簡単に検索できるので、興味のある人は調べて欲しい。択一式の質問での回答選択肢の与え方は、意外なほど調査結果に影響をおよぼすものなのである。

(2) 複数回答式

　複数回答式（multiple-choice answer: MAと記載されることがある）というのは、「あてはまるものをすべて選んでください」という文章の質問文に続き、複数の選択肢を並べる回答形式のことで、世論調査でよく使われる。最近の例でいうと、2023年11月に行われた内閣府の「社会意識に関する世論調査」では、内容に関する質問18のうち、8つが複数回答式となっている。少ないように思われるかもしれないが、チェックをつける可能性のある場所として数えると137個のうちの127個ということになり、実際にはほとんどが複数回答式となっている。

　他方、社会科学を目的とする調査では複数回答式の質問はあまり使われない。1955年に第一回SSM調査というものが行われ、これが日本でのsurvey（調査）のさきがけとなったのだが、このときの調査票を見ると、全38問のうち複数回答式は1つだけである。ちなみにこのとき複数回答式が使われたのは、持ち物（ミシン・風呂・冷蔵庫・電話・株券・家・土地）を聞くことで豊かさを測ろうとする質問であった。なお、この傾向は現在でも変わらず、近年の例として2018年のJGSS調査の留置用調査票をみると、全75個の質問のうち複数回答形式はわずか2問（ペットの種類と保有するエコ設備）しかない。

複数回答式が社会科学の調査であまり使われない第一の理由は、複数回答式の質問は統計分析に持ち込んだときに分析の幅が限られるということである。複数回答式の質問への回答は、統計分析の段階では選択肢ごとに分けられた2値変数として扱われる（次章参照）。このあたりは統計学の話になるが、こうした特性の変数を多変量解析で扱うには少なからず経験と工夫が必要で、初心者向きではない。さらには、保有するモノなどを聞く場合であればともかく、重要と思う政策や賛成できる政治的意見などといった抽象的、主観的な内容の場合は、賛成かどうかよりも賛成の強弱が争点となることが多い。そうなると複数回答式によって得られた2値変数のデータでは不十分になる。反対に、回答の件数を数える、つまり単純集計が目的で多変量解析を行う予定がない場合は、複数回答式は聞き方も単純化できるし調査票の紙面も節約できるという点でメリットが大きい。

　社会科学の調査が複数回答式を好まない第二の理由としては、複数回答式は無回答の判別が難しいということがあげられる。訪問面接法で複数回答式の質問をする場合、インタビューアーが選択肢を1つ読み上げ、回答者がそれに「ある／ない」（あるいは「あてはまる／あてはまらない」）を回答し、その回答を待ってから次の選択肢を読み上げて、またそれに「ある／ない」の回答を得るという具合にインタビューが進む。つまり選択肢ごとに回答を確認できる。ところが自記式つまり自分で調査票を読んで自分で回答を書き込んでいく方式の場合、回収された調査票を見て複数回答式の質問で1つもチェックがなかったことに調査者が気づいたとき、その質問の選択肢で該当するものがまったくなかったのか、それともその質問に答えなかった（無回答）のかの区別がつかない。これは、世論調査など特定の主張に対する賛否を聞いている場合には、大きな問題となる。つまり、その主張に反対であるということと、そういった事柄に関心がないということとでは、まったく意味が違うのである。

　これはウェブ調査でもあてはまることで、無回答かどうかを判別するためには、複数回答式をやめ選択肢ごとに分けて二者択一式の質問に作り換えるという方法が考えられる。だが、この方法だと質問の数が増え

ることになり、遷移画面方式（次章参照）にするとページをいくらめくってもなかなか終わりにつかないということが起こる。このため、これに代わって近年よく行われているのが、選択肢の最後に「この中にあてはまるものはない」という選択肢を加えるという方法で、他の選択肢に1つもチェックがなくてもここにチェックがあればその回答者は無回答ではないと判断でき、反対にこの最後の選択肢も含めてすべての選択肢にチェックがなければ無回答であると判断できる。うまい工夫ではあるが、今の時点ではこの方法が有効かどうかについては研究が進んでいない。この対応の良否を判断するには、もう少し時間が必要と思われる。

(3) 評定法

評定法とは、複数の選択肢を段階で順序づけて並べる（「まったくあてはまらない」「あてはまらない」「あてはまる」「とてもよくあてはまる」など）方法であり、調査する側からみると順序尺度での質問項目となり、回答する側から見ると択一式の質問項目となる。上でも述べたが、社会科学では政治や外交に関する賛否、生活の充実感、性役割に対する意識、対人観やパーソナリティなど、回答者の主観にかかわる事柄を調べることが多い。そしてこうした主観的な事柄は、「ある／ない」よりもむしろその強弱の程度が問題となる。評定法はこのような状況に適用されるもので、特に心理学や社会心理学でよく使われる。

評定法は、複数回答式のような2値変数よりも値域が広くなる。順序尺度ではあるが、それぞれの選択肢の間の間隔が等しいと仮定すれば、間隔尺度のデータとみなすこともできる。これにより、適用できる統計分析手法が大きく増える。これは大きなメリットだが、評定法はデータを収集するときに少なからず経験と知識を必要とする。つまり、評定法では選択肢をいくつ用意するか、それぞれの選択肢にどのようなラベルを付与するか、その選択肢をどのような方向で提示するか等を決めなければならない。この1つ1つの判断によって、回答者にとって答えやすくなることも答えにくくなることもあり、またデータを統計分析に持ち込むときに影響が出ることもある。具体的には、以下について検討す

る。

①単極か両極か

評定法には、単極式と両極式がある。前者では、尋ねている内容について、あてはまる程度がまったくなかったりほとんどないことを表す選択肢から、非常に強かったり最大であることを表す選択肢までの、数段階の選択肢で回答を求める。たとえば、賛成の度合いを聞く単極式の場合は、「賛成しない」と「強く賛成」が選択肢の両端に置かれる。これに対して両極式では、中央の選択肢を原点として、逆方向の内容についてのあてはまりの程度を尋ねる。つまり「強く反対」と「強く賛成」が選択肢の両端となる。ただし、好きの反対が必ずしも嫌いであるとは限らないように、状況によっては両端の選択肢の意味が真逆にならないことがある。また単極か両極のどちらを用いるかで、回答者の受け取り方が変わることがある（賛成の度合いだけを聞かれると、賛成と答えることを期待されていると回答者が思い込む、など）ことにも気を付けなければならない。

②選択肢の数

評定段階数が少な過ぎる、つまり選択肢の数が少ないと、回答者にとってちょうど合うものが見つからないかもしれない。しかし多過ぎても、選択肢間の意味の差が小さくなって、回答が難しくなる。質問内容や回答者の特性にもよるが、通常、選択肢は5〜7程度がよいとされる。

③中間選択肢を設けるかどうか

評定段階数が5などの奇数の場合、ちょうど中間に位置する選択肢ができ、「どちらともいえない」のような中立の意味のラベルが付与されることが多い。だが、中間に選択肢を置くかどうかは実は大きな問題で、研究者によっても意見が分かれている。評定段階数を偶数にする、つまり中間選択肢を入れないほうがよいと主張する立場は、中間選択肢は中立だからではなく「わからない」「答えたくない」といった理由で選ば

れることがあると指摘する。実際、中間選択肢を設定したことで回答が中央に過度に集中したと考えられる事例は少なくない。また、統計分析の際に回答を肯定側と否定側に二分して分析をしたい場合には、中間選択肢をどちらに入れるかが決めにくい。反面で、中間選択肢を置くべきとする立場からは、中間選択肢がないと真に中立であると考えている回答者は困惑する、中間が選ばれるということ自体も重要な情報となる場合もあるという根拠があげられている。

④ラベルの付与

選択肢には、その意味や順序関係を示す「あてはまらない、どちらかといえばあてはまらない、どちらかといえばあてはまる、あてはまる」などのラベルが付与される。ラベルには、程度の強弱を表す副詞が伴うことが多い。たとえば、「あてはまらない」―「あてはまる」に対して、「まったくあてはまらない」―「非常によくあてはまる」など。ただ、こうした副詞の影響は大きな争点となっている。たとえば、小野寺（2002）によると、「かなり重要である」よりも「非常に重要である」のほうが、程度が強く捉えられて選ぶ人が少なくなるという。このように副詞を用いるかどうか、用いるのであればどのような副詞を用いるのかで結果が変わることもある。

なお、各選択肢の意味を示すラベルは、両端の選択肢だけなど一部にしか付けられないことがある。途中の選択肢のラベルがなければラベルに付された副詞のニュアンスの影響を受けないので、強弱をより正確に測定できると考えられるからである。実際、Google Forms には均等目盛という設定の仕方があるが、これは両極だけにしかラベルを与えていない。こうすることで、回答の賛否の強弱を位置だけで表現することができる。ただ、この方法の良し悪しも研究上の争点となっている、つまり未だ明瞭な結論には至っていない。

⑤昇順か降順か

あてはまりの程度が弱いほうから強いほうに向かって選択肢が並べら

れる順、たとえば「あてはまらない」が先（横に並んでいるのであれば左、縦に並んでいるのであれば上）にきて「あてはまる」が後（右もしくは下）に配置される順番を昇順、その逆を降順と呼ぶ。昇順と降順のどちらが一般的かについては、専門領域によって異なる。心理学や社会心理学では昇順になることが多い。これに対して社会学や政治学では降順になっている例が多い。これについてはそれぞれ理由がある。

　心理学や社会心理学では、評定法の質問項目から間隔尺度を構成することが多い。このような使い方をする場合、大きい得点ほど強い傾向を示すようにするほうが、分析の際に使いやすい。たとえば自尊心を測定した変数であれば、点数が高いほど自尊心が強いとするほうが、結果を理解しやすくなる。それは抑うつ傾向を調べる場合でも同じで、点数が高いほど抑うつ度が高くなるほうが変数としては理解しやすくなる。そのためには、あてはまりの弱い回答ほど低い点数を与える、つまり弱いほうから強いほうに並べる昇順になる。

　これに対して社会学などでは、評定法の質問項目であっても、まず回答の割合つまり単純集計に関心が向けられる。そのため昇順・降順のどちらでもいいことになるが、こうなると日本語の響きとして自然なほうが好まれる。好感度を聞くのであれば、最初に好きという単語が来て、嫌いという言葉は後から来るほうが、賛否であれば賛成という言葉が先に来るほうが自然に響く。そうなると、好感度の項目であれば好きという選択肢が先に来る、つまり降順となる。ただ、択一式では、先に来る選択肢ほど選択肢に与えられた値（選択肢の番号）が小さくなるので、降順の場合は、好感度を聞いているにもかからず好感度の高い回答ほど低い点数となる。

　ちなみに、昇順・降順のどちらが科学的に正しいかと問われると、これは認知科学という、社会科学とは異なる領域の知見が必要になる。少なくとも現状では、昇順、降順のどちらも慣習的に使われているに過ぎない。ただし、降順の評定法の質問項目を間隔尺度として統計分析に持ち込む場合は、数値を逆転させる必要がある。そのまま使ってしまうと、数字が大きくなるほどあてはまりが弱くなるということになり、結果の

解釈がややこしい。これは統計分析を行ううえで意外と忘れやすいことである。

なお、降順・昇順のどちらにも共通する問題として、選択式での回答には、初頭効果（primacy effect）が生じて、後半に位置する選択肢よりも前半（特に最初）に置かれた選択肢が選ばれやすくなることがある。これは選択肢を縦並びとした場合でも横並びとした場合でも同じである。

⑥縦並びか横並びか

複数の選択肢を横に並べるか、縦に並べるかについては、どちらが望ましいかは一概に言えない。紙の調査票を使っていた時代は、横に並べるほうが紙面の節約になる半面で、個々の選択肢の文章が長かったり数が多かったりすると紙の横幅に収まらなくなるという問題があった。ところが縦に並べると個々の選択肢は無理なく並ぶが、その代わり1つ1つの質問項目に要するスペースが大きくなり調査票のページが増えてしまう。そのため、選択肢をどうレイアウトするかは、なかなか難しい問題だった。

この点について、ウェブ調査の場合は事情が大きく異なる。PCからの回答を想定した場合、画面の横幅が広いので選択肢を横に並べた表形式（Google Formsではグリッド式と呼ばれている）のレイアウトが採用できる。これは見やすいのだが、スマホからアクセスすると横スクロールしながら答えることになるので非常に扱いづらい。スマホからの回答を想定するのであれば、縦並びにするほうがよい。これについては、次章で改めて触れる。

（4）自由回答

回答形式には、以上の（1）〜（3）のように選択肢を選ばせる方式の他に、自由に回答を記述してもらう方式もある。この自由回答式では、選択肢が用意されず、「〜について、どう思われますか。ご自由にお書きください」などのように尋ねる。回答者は自分の考えや気持ちを自由に記すことができるため、調査者が想定していなかった情報や知見が得

られることがある。

　ただし自由回答式は問題点も多い。自由回答式の第一の問題点は、データとして統計分析を行うことがほぼ不可能であるということである。紙の調査票の時代は、出身都道府県なども自由回答で聞くことが多かった。47個も選択肢を用意するとスペースが大量に必要となるからである。ただ、この場合は回答となり得るものが限られるので、調査票を回収した後、内容を見ながら数字に置き換えて（コーディング）入力することができた。だが出身地のような例を除けば、実際には自由回答の内容をコーディングできる場合はごく限られている。

　社会学や経済学の調査では職業を聞くことが多いが、一般的に職業といわれる内容は、雇用契約の関係を示す就業上の地位（経営者・自営業・正社員・派遣社員・アルバイトなど）、就業先の事業内容である産業（製造業・建設業・飲食業など）、そして個々人の業務内容である職業（経理事務員・教員・配送トラック運転手など）の3つを指す。ところが、調査を行っている調査者は労働経済学などを学んでいるのでこうした区別を理解しているが、質問をされる回答者はそうではない。経験的にいって、自由回答で「あなたの職業は？」と聞いたときの答えは、会社員、公務員、自営業、店員という回答が大半を占める。ところが、こうした回答は調査者の想定している職業の分類と合致せず、コーディングできなくなる。このため、職業を聞く調査の場合は、基本的に自記式ではなく訪問面接で行われる。訪問面接であれば、この3種（就業上の地位、産業、職業）の区別とそれぞれの内容を事前に教え込まれた調査員が、その場で回答者と会話しながら適切な内容を聞き出していくことができるからである。予算の問題などでどうしても自記式にせざるを得ない場合であれば、職業は択一式にし、それぞれの選択肢に具体的な内容を例示するという方法を用いる。

　これまで郵送で行われてきた調査では、文章を書かなければならない自由回答は回答者の負担が大きく、そのために何も書かずに飛ばされてしまうことが多かった。そのため、ごく限られた状況を除けば、自由回答式の質問から有効なデータを得ることはほとんど期待できないという

のが、旧来の調査法の常識だった。これが自由回答の第二の問題である。だが、ウェブ調査については、自由回答の記述量が紙に書き込む場合よりも増えているという指摘もあり、旧来的な調査法の時代とは認識を変える必要があるかもしれない。ただし、この点についてはまだほとんど研究が進んでおらず、ウェブ調査で自由回答をどう活用するかは、これからの課題となっている。

4 合計得点尺度の構成

　上記のとおり、評定法では該当する程度に応じた得点を割り当てる。つまり選択肢の番号を点数として与え、これを間隔尺度とみなす。たとえば、「まったくあてはまらない」を1点、「あてはまらない」を2点、「どちらともいえない」を3点、「あてはまる」は4点、「よくあてはまる」は5点といった具合である。しかしながら、「まったくあてはまらない」（1点）と「あてはまらない」（2点）の差は2-1=1となるが、この差は「あてはまらない」（2点）と「どちらともいえない」（3点）の差3-2＝1と同じとみなしていいのかという疑問が生じる。これら各得点の間が本当に等距離であることを立証するのは難しく、そのために間隔尺度として扱ってよいのかについては、古くから議論がなされてきた。

　この点に関して、リッカートという心理学者が重要な提言をしている（Likert 1932）。社会心理学などで同じ物事に対する態度を測定する質問を複数行うと、質問ごとに回答の分布が多少とも異なってあらわれる。これは同じ態度を測定していても、個々の質問の具体的な文言や表現に対する反応が微妙に異なるからである。リッカートが提唱したのは、同じ概念をとらえようとする質問項目を複数用意し、その1つ1つの項目への回答を得点として、その合計点を算出して分析に用いるという方法である。こうすることで個々の質問の文言の影響とそれに伴う選択肢の間の距離の違いを縮小し、その合計得点を間隔尺度と見なせるようにしたのである。これが**リッカート尺度**（**Likert scale**）と呼ばれるものである。つまりリッカート尺度とは、同じ内容を測定した同じ評定段階を

持つ質問を複数集めることで構成される、1つの尺度である。

　リッカート尺度は、特に目に見えない心理的な構成概念（パーソナリティ、態度、感情など）をとらえようとするときに用いられる。これには理由があって、感情や態度などの心理的な傾向は自分自身でもはっきり自覚していないことが少なくないからである。たとえば、「あなたはどれぐらいストレスを感じていますか」という包括的な質問をされても、どのような状態をストレスとみなすか、その人がわかっていないことが少なくない。また、その感じ方も人によって異なっていることも多い。このような場合、「眠れない」「気分が晴れない」「イライラする」「仕事でミスをする」といった、ストレスに関する複数の具体的な経験に分けて、その頻度を尋ねる（「このようなことが1週間のうちどれぐらいありますか？」など）ほうが正確に答えやすくなり、結果として測定したいものをとらえやすくなる。また、1つ1つの項目への回答にはある程度まで偶発的な誤差が含まれてしまうが、質問項目の数が多くなるとそれが相対的に小さくなる。

　ただし、リッカート尺度は、用意された複数の項目が同じ事柄について問うていること、そしてそれが調べたいと思っている事柄についてであることが必要となる。このため、尺度を構成するときは、信頼性（同じ条件下で同じ測定がなされるか）、妥当性（測定しようとしている内容が適切に測定できているか）の確認が重要である。その確認の具体的な方法は心理統計学（psychometrics）という専門分野で学んでほしい。とりあえずここで指摘しておきたいことは、信頼性と妥当性が高いことが確認された尺度を用いると精度の高い測定ができるということである。

　また、リッカート尺度の他には、イメージなどの測定の際に形容詞の対を提示してどちらに近いかを選ぶSD法もよく用いられる。さらに、一次元で明確な順序性のある項目からなるガットマン尺度もある。これらの尺度構成については詳述する紙幅がないため、大竹（2017）、髙橋・宇井・宮本（2023）、小塩（2024）などを参考にして欲しい。

5　質問項目の並べ方

　ウェブ調査に限らず、調査の項目は1つではない。1回の調査でたくさんの関連した質問を聞く。調査の目的によっては、それぞれあまり関係がないように思われることを一緒に聞くこともある。筆者の経験でいえば、つい先日は仕事や収入・生活水準の状況と、外国人に対する態度を同じ調査で聞いた。これは研究上の関心としてはつながっている。つまり、コロナ禍で観光関連産業での雇用が縮小したところにコロナ禍が明け、外国からの観光客が急増し、それがオーバーツーリズムとして認識されているかどうかを知りたかったのである。また、家族や結婚に対する考え方と仕事や所得、就労経験とを同じ調査で聞くこともある。これは結婚や子どもの数といった事柄が、その家庭の経済状況に大きく影響を受けるからである。ただし、こうした研究上の関連性は、回答者にとっては意味がない。互いに関係のないことを脈絡なく聞かれると思うと、だんだん答えることに疲れてくる。

　人は他の人とコミュニケーションをとるとき、常に相手が何を期待しているか、何を意図しているかを探ろうとする。そしてその推測された意図に対応するように自分が発話する。これは調査という場面でも同じで、調査を受けている（アンケートに答えている）側は、調査する側の意図や期待を推測しながら、その期待に応えるように回答をしていく。このとき、回答する側は、調査する側の意図を正確に推測できているかを、次に続く質問の内容を予想することで評価しようとする。つまり、調査者が自分の推測したような意図で話しかけてきているのであれば、次はこういうことを聞いてくるだろうと予想する。予想に近い質問が次に続けば、自分の憶測は正しかったと思う。だが、もし次に聞かれる質問が自分の予想したものと大きく違っていれば、自分は聞いてくる側の意図を予測し損ねていたのではないか、別の意図があるのではないかと再び相手の意図を推測しなおすことになる（Schwarz 2009）。これは認知的負荷の高い、つまりかなり頭を使う作業となる。

順序尺度の例で紹介したシュワルツという心理学者が指摘したのは、調査の項目はただ並べればいいわけではないということである。回答する側にとっては、調査する側の意図が推測しやすいような状態、自分が予想したような内容の質問が続いていく状態であれば、答えやすいと感じる。反対に、自分が予想したのとは違う質問が続くと、調査する側の意図を推測するのに次第に疲れてくる。つまり答えにくい、難しいと感じる。こうなると最小限化（第3章参照）が起こりやすくなる。これは避けたい。すなわち、答える側にとって答えやすい調査にするためには、質問の並び方に意味上の流れ、文脈をうまく作る必要がある（Lee 1993）。文脈がうまく作れると、回答者が答えやすくなるだけでなく、関連する事柄も思い出しやすくなるので、より正確な情報が得られる（Krosnick & Presser 2010; Bradburn & Sudman 2004）。

　ただし、文脈の作り方には注意が必要である。第一には、質問の並べ方によっては特定の方向に回答を偏らせることもできる。自衛隊なら自衛隊、国家官僚なら国家官僚など、対象はなんでもいいのだが、その対象について肯定的に評価される内容の質問を選んで並べることで、その対象に対する好意的な評価が回答者から得られる。この対象を肯定するように答えて欲しいのだなと回答者が予想するからである。反対に、否定的に評価される内容の質問ばかりを並べると、当然ながらその対象に対する評価は否定的になる。これは**文脈効果**（context effect）と呼ばれ、恣意的に調査結果を歪めるための常套手段として使われてきた。

　それがどんな対象であっても、肯定的に評価される面と批判的に評価される面を持っている。その一方だけに言及する質問が続くと、回答する側もその言及された方向に意識が向かってしまう。したがって、1つの対象に対し複数の質問を設定する場合は、肯定的・批判的な質問のバランスをとり調査者として可能な限り中立的な立場を維持する必要がある。

　もう1つの注意点として、同じような内容の質問が続くと質問の内容に対する注意力が低下する。つまり同じような質問が続くことで、次も同じことを聞いてくるだろうと思い込んで、質問を読まずに回答するこ

とが起こる。これは特に社会心理学でリッカート尺度を用いるときに問題とされてきた。パーソナリティや心理状態を測定するリッカート尺度は、10以上、時には20以上もの項目から構成される。同じような内容の質問がこれだけ続くと、次の質問も同じだろうと予測して、質問文章を読まないで同じところ、つまり縦一列に回答する人が出てくる。ここは非常に悩ましい。あまりに脈絡のない質問が続くと回答する側が疲れてしまって正確な回答ができなくなる。だが文脈がきれいに作られて後に続く質問が予想できるようになると、回答者の注意力が下がって正確な回答ができなくなる。

この対応策として、リッカート尺度には**逆転項目**（reversed item）が設けられることが多い。逆転項目というのは、評価の方向性が逆になる質問項目のことで、たとえば肯定的な評価を問う項目が続く中に否定的な評価を問う項目を混ぜる、あるいは積極性を問う質問項目の中に消極性を聞く質問をところどころに入れる。きちんと質問文を読んで回答している回答者であれば逆転項目のところだけ回答のマークの位置が変わり、注意力の不足している回答者は逆転項目に気づかずに同じような位置にマークが続く。これによって不注意回答者を見分けることができるというわけである。

なお、逆転項目の導入はウェブ調査以前から行われていた不注意回答への対応の1つである。ところが登録モニター型ウェブ調査の普及に伴って、この不注意回答への対応はもっと頻繁に、もっと多様な方法で行われるようになった。この点については次節で論じる。

6　ウェブ調査に特有な測定の問題とその対処

(1) 不注意回答

調査項目への回答は、回答者が持っている意見や態度がそのまま反映されるとは限らず、調査画面や設問を構成する様々な要素も影響をおよぼす。対面での調査では、調査者が目の前にいることから、正直な回答ができなかったり、実際よりも自分を良く見せたりするような回答がな

されやすい（社会的望ましさのバイアス）。またやりとりの際の、調査者の声音や表情などが回答を誘導する可能性もある。一方、自記式調査では、調査者との直接のやりとりがないか少ないため、調査者の存在が回答におよぼす影響は比較的小さいとされる。

　反面で、自記式調査では回答者は容易にうそをついたり、いい加減な回答ができると言われている。また調査内容が難しかったり、項目数が多かったりすると、読み間違いや疲労のために、ミスをすることもある。特にウェブ調査では、回答努力の最小限化（第3章）と呼ばれる不注意回答が多いことが

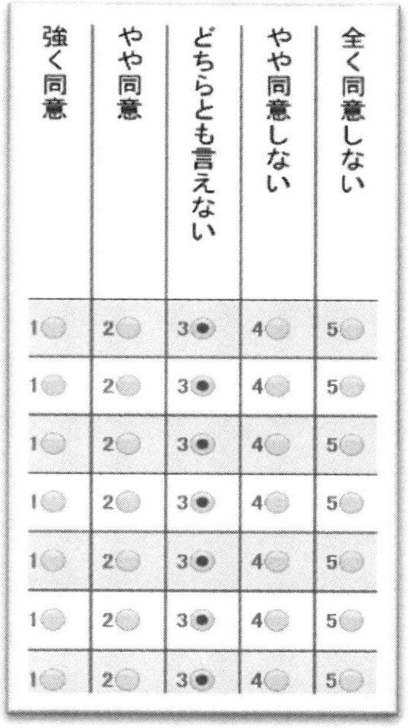

図4-2　ストレートライニングの例

知られている。実際には回答者がどの程度の注意力で回答をしているかをオンタイムで測定することは困難であり、最小限化が生じたかどうかは後から回答を見ることで判断するしかない。

　ただし、これまでの研究蓄積から、最小限化はいくつかの典型的なパターンを描くことがわかっている。たとえば中間にある選択肢ばかりが選ばれていたり、「わからない（Don't Know）」（DK回答）がくり返し選択されていたり、同じ選択肢の回答が続くストレートライニング（縦一列回答）などが、この典型例とされる（図4-2）。また、複数回答式の質問では、項目を1つ選んだら以後の項目は読みもせず検討もしない回答者がいるといわれており、これも最小限化の1つのあらわれといえる。実際、前半に並べられた選択肢と後半に並べられた選択肢を比較すると、前半にある選択肢の方が選択される割合が高くなる（江利川・山田2023）。

第4章　測定のしかた　　93

(2) 不注意回答への対応
①回答時間を測る

　不注意回答があると、平均や分散、変数間の相関係数が変わるなど、分析結果に深刻な影響をおよぼす。そのため、不注意回答を判別しデータから除外する対策が必要になる。高過ぎる DK 回答の発生頻度やストレートライニングは、得られたデータを精査することで判断していく。この他に最小限化の発生を判断する方法として用いられているのは、回答時間を測るという方法である。

　ウェブ調査では、回答開始時間と終了時間のデータ、あるいは個別の質問の回答に要した時間のデータが提供されることが多い。不注意回答は、手間をかけずに回答をしようとすることで生じるので、特に短時間で回答した人たちが不注意回答をしている可能性が高い。筆者の直近の経験でいうと、50 個の質問からなるウェブ調査を行ったとき、明らかに回答時間が短すぎる回答者が 5％ほどあらわれた。50 個の質問なのに最後まで答えて 30 秒もかかっていないのである。ちなみにこの調査の開始直前の確認作業では、画面の文字を何も読まずただ画面を最後まで遷移させただけで 75 秒かかった。つまりこれらの回答者は単純に画面を送るよりも短い時間で答えているのである。そして、これらの短時間回答者の回答を見ると、ほとんどすべてが無回答もしくは「わからない」だった。つまり回答に要した時間は不注意回答を判定するうえで重要な材料となる。ただし、どのくらい短時間であればデータから除外すべきかの基準は必ずしも明確ではない。また、アプリケーションによっては回答時間の情報が入手できないこともある。たとえば Google Forms は回答を終えて送信した時間はデータとして入手できるが、回答を開始した時間は提供されない。つまり、回答を開始した時間を記入してもらう質問項目を用意するなどの工夫をしなければ、実際に回答に要した時間はわからない。

　ウェブ調査で不注意回答を発見するために用いられている方法としては、回答時間を見る他に以下のようなものがある。

②同内容の項目を複数用意する

　調査では、原則として同じ内容の項目を複数回聞くことは避ける。しかし、あえて同じ内容の項目を複数箇所に配置し、同じ回答がなされているかどうかを確認することがある。これは、回答者がきちんと回答しているかを確認すること、つまり不注意回答者を検出することを目的としている。この場合、重複する項目はできるだけ近くには置かないように注意する。可能であれば別の文脈の中におく。離れて置くことで、重複していることが回答者にわからないようにするためである。なお、この方法を用いる時は、態度や意見などの質問項目よりも、持ち物や出身地・学歴など質問の文脈の影響を受けない項目で設定するほうが、不注意回答をはっきりと判別できる。

③指示項目やボーガス項目の利用

　不注意回答者を見つけ出すために、特別な項目を設定することもある。指示項目とは、特定の選択をするように書かれた質問項目のことである。これはグリッド式の質問でよく使われるが、たとえば賛否を問う質問として「一生独身でも幸せな人生を送れる」、「男性にとって人生の目標は仕事で成功することだ」などといった項目が並ぶ中に、「この項目では『そう思わない』を選んでください」といった指示を記載した項目を混ぜる。指示どおりの選択をしていない回答者は、きちんと項目文を読まずに回答をしているということになる。またボーガス項目（bogus item）が利用されることもある。ボーガス項目とは、回答が事実上1つしかない質問項目で、たとえば「私は2月30日生まれである」「よく宇宙旅行に行く」などにイエス、ノーで答えさせるものがある。これらの質問にはノーという回答しかあり得ないので、ここでイエスと答えた回答者は質問文を読んでいない不注意回答者であると判定できる。

④事前の注意喚起

　上記の方法は、不注意回答者を特定する上で有効であるが、回答者が不快に感じるというリスクがある。実際に、回答者としてウェブ調査を

やっていると、指示項目やボーガス項目が出てきたらやはり当惑う。どのような意図でこのような質問が入っているかを勘繰りたくなるし、あまり頻繁に出てくると不快になる。このため、指示項目やボーガス項目の使用を認めない調査事業者もある。こうした点を考えると、発生した不注意回答を特定することよりも、その発生を防止する方策のほうが好ましい。この点で、調査の回答を始める前に「私は真面目に回答します」という文言を表示し、これにチェックを求めたところ、不注意回答が減少したという事例がある（増田他 2019）。また、調査事業者によっては、同じ回答が続いていてストレートライニングが疑われるときに警告を出すということを行っているところもある。ただ、こうした防止法についてはまだ研究事例が少なく、必ず効果があるとは限らないし、回答に別の影響をおよぼしている可能性も否定できない。

　なお、最小限化について最後に一言付け加えておきたい。それは、不注意回答がなされるのは必ずしも回答者が悪いとは限らないということである。難しい用語が使われていたり、曖昧な表現からなったりする項目文など、回答者から見て答えにくい項目では、無回答や中間選択肢の選択が増える傾向がある。これは、調査票および質問項目の作り方に問題があるからなのである。したがって最小限化を防止するためにまずすべきことは、調査項目等を再度見直すことである。回答者に調査の意義を理解してもらい、回答者への十分な配慮がなされた調査票を用いて誠実な調査を実施することが、有効な回答を1つでも多く得るうえで何よりも大事である。

コラム ③

不注意回答者？　不正回答者？

　正確な情報を回答しない人のことを「不注意回答者」(inattentive respondent) と呼ぶか「不正回答者」(fraudulent respondent) と呼ぶかというのは、実は大きな問題である。「不注意回答者」という場合、回答者には悪意がなく、なんらかの理由で注意力が一時的に低下し正確な回答ができなかったとみなす。これに対して「不正回答者」というのは、正確な回答をする気が最初からないとみなしていることになる。つまり、この2つの言葉の違いは、それを用いる研究者が調査対象者をどのように理解しているかを如実に表している。

　ウェブ調査が出現する以前から訪問面接・郵送調査あるいは実験室での実験に携わってきた研究者は、「不注意回答者」という言葉を用いることが多い。彼らは、学生のころに先生の手伝いで調査員をやらされたり、調査票を抱えて通行人に声をかけて協力を求めたりと、調査対象者と直接対面した経験を多かれ少なかれ持っている。そして、実際に調査対象者と対面し目の前で答えている様子を見たことのある人は、回答することがどれほど大変なことなのか、また協力してくれるという申し出がどれほどありがたいことかを痛感している。こうした経験を持つ人は、回答者がよこしまな意図を持っているとは考えない。回答者は回答しようとする意志を持っている、だがそれでも正確な情報の提供につながらないのはなぜなのか、と考える。

　これに対して、ビジネスとして急成長してきた登録モニター型ウェブ調査の事業者は、「不正回答者」という言葉を好むようである。ウェブ調査をビジネスとしてみると、回答とは謝礼あるいは報酬を対価として情報を提供する行為であり、報酬を受

けていながら正確な情報を提供しないのは契約の不履行とみなされる。事業者にとって調査とは、毎日何回も何十回も繰り返される日常の業務である。同じ人に毎日繰り返し依頼を行うため、これを受け取った人が社会的な責任感を感じて依頼に反応する、あるいはあまり経験したことがない依頼だったので興味を感じて反応するとは考えない。回答とは、対価として提供される報酬を期待して行われる行為、つまり営利行為であるととらえる。したがって報酬を得ながら正確な情報を提供しないのは、商業規範に対する違反とみなされる。「不正」という、道徳的なニュアンスの強い単語が用いられるのは、こうした理由による。

　さて、ウェブ調査の回答者の中にいるのは「不注意回答者」か、それとも「不正回答者」か。これは事実としてどちらなのか未だにはっきりしない問題、これから明らかにしていく必要のある問題である。しかしながら、同時に、これは調査を行う人が社会科学という営為をどのようにとらえているかという、科学者としてもっとも根幹的な部分が問われる問題でもある。私たちは、何を目的として社会科学に携わっているのか。これから社会科学を目指す読者の皆さんには、心の片隅に置いておいていただきたい問題と思う。

第5章　実　践

　本章では実践編として、これまで述べた内容を踏まえて実際にウェブ調査を実施する場合の手順を説明していく。これまで述べてきたように、一口にウェブ調査と言っても、その実施の仕方は様々である。そしてどのような方法で実施するかによって、具体的にどのような手順でどのような点に注意して進めていくかが異なる。イントロダクションでも書いたが、本書は社会科学での利用を想定したウェブ調査についての本であり、ネット上に多数あるマーケティング利用を念頭においたノウハウサイトとは少なからず異なる説明を行っていることは、すでに気づいていると思う。そして、その違いは具体的な実践場面に言及する本章でも随所に出てくる。

1　回答者の自発的な協力を引き出す

　ウェブ調査に限らず、社会科学を目的とする調査の大前提となるのは、調査への回答はあくまでも回答者の自発的な協力によるものだということである。この点はぜひ強調しておきたい。調査への回答が義務となるのは、国家が法令によって回答を義務づけた場合や、個別の組織がその構成員に業務として回答を要求する場合など、法令あるいは規則に回答の義務が根拠づけられている場合に限られる。ちなみに法令ということ

でいえば、統計法という法律で回答を義務づけている調査は、政府機関が行う調査の中でもごく少数で、たとえば国勢調査は回答義務のある基幹統計調査として位置づけられているが、内閣府世論調査は内閣府が実施していても統計法の適用外とされ、回答は義務ではない。また、回答することは市民の道徳的な責務というわけでもない。調査に回答しなかったことで道徳的に非難される筋合いはまったくない。社会科学の学術研究を目的とする調査への回答は任意、つまり自発的に協力してくれることを期待するしかないのである。

　したがって、調査の実施にあたっては、依頼を受けた人が答えてもいいと思うように調査をデザインする必要がある。それは調査対象者への接触に始まり回答画面への誘導、そして回答画面の細かいデザインにまでおよぶ。見ず知らずの人間に高圧的に迫られて喜ぶ人はいない。仕方なく嫌々答えている人から正確な情報を得ることはきわめて難しい。調査への協力を求めるためには、社会常識に照らして適切な接触を行い、回答しやすくなるように配慮された回答画面へと導く必要がある。依頼を受けた人に、「まぁ協力してあげてもいいかな」と思ってもらわなければ、正確な回答は得られないのである。つまり調査対象者への配慮は倫理上の問題であるだけでなく、調査を通じて有効な回答を1件でも多く獲得するために必要な技術でもある。

2　依頼状の作成

　調査に際して調査対象者と接触をとるとき、最初に協力を求める依頼状を送ることが行われる。旧来的な調査法でいえば、訪問面接調査でも最初の接触は郵便で行うことが多い。郵送調査の場合、依頼状と調査票を同封して送付することもあるが、調査票の送付に先立って依頼状を別に郵送しておくことを推奨する。このほうが調査対象者に対して敬意を払っているとみなされるし、また実際に回答率も高くなるという指摘がなされている（Dillman 1978; 吉村 2017）。ウェブ調査の場合でも、標本抽出型であれば、郵送法と同じく、調査対象者は自分が調査対象に選ば

れたということを知らないので、調査対象者と接触する際に旧来型と同じく郵送で依頼状を送付する必要がある。同じ大学の学生など調査対象者との接触を電子メールで行う場合、依頼状はメール文面に記載する。この場合も旧来型と同じ内容をコンパクトに伝える必要がある。

依頼状には、以下の内容をコンパクトに記載する。

(1) タイトル、題目

調査内容を反映した、簡潔で明瞭なタイトルをつける。タイトルを見ただけで調査の参加が避けられたり、項目への回答に影響をおよぼしたりするような場合には、あえて曖昧にすることがあるが、そのような場合でも調査目的はできるだけ明確に記す[1]。

(2) 調査に関する説明

調査の内容はできるだけコンパクトに説明する。特にウェブ調査の場合、事前の依頼メールに以下の内容を説明し、調査画面には重要な事項だけを簡潔に記載する。

---

[1] 社会心理学などの実験では、被験者に対して実験の意図を伏せて刺激に対する反応を見る場合がある。たとえば、同じ実験室に被験者のふりをしてサクラを混ぜ、そのサクラがとる予想外の行動に対して被験者が見せる反応を観察するような場合などである。このように、実験の意図を事前に知らせると実験にならないような場合は、ディブリーフィング、つまり実験が終了した後に実験の真の目的を伝え被験者からの了解を得ることが求められる。ただ、一般的にこうした実験は実験の状況を厳格に管理する必要があり、それを自記式の質問票で行う調査で実施できるかというと現実にはなかなか難しい。これについて、筆者らは合理的意思決定について調査を行ったとき、ある病気の治療法のメリットとデメリットを書いて、この治療法を認可すべきかという質問をしたことがある。ただ、この治療法はまったくの架空のもので実在しないものだった。このときは、調査票の最後に「なお、途中で触れた**** という医療は架空のもので実際には存在しません」という一文を入れた。いずれにせよ、調査の意図を伝えないというのは社会科学としては倫理的な問題が大きい。この点は注意して欲しい。

①あいさつと自己紹介
　たとえ電子メールであっても、通常の手紙のように丁寧な挨拶（例：暑さ厳しき折、ますますご清祥のことと……）で始める。次に、調査実施者がどのような立場の人間かの説明（所属や職位、職業、学年など）をする。

②調査目的の説明
　回答者は、調査で尋ねられる内容についてよく知らないこともある。そのような人がいることを前提に、どのような目的で、どのような調査を行うかについて、簡潔に説明する。調査に意義があることを伝えるために、社会状況など（例：「近年、我が国では少子高齢化が進んでいますが……」）の説明を加えることもある。標本抽出型の場合は、どのようにして調査対象者を選んだのかの説明も必要となる。

③倫理的配慮
　依頼状を受け取った調査対象者は、調査に協力する（あるいは断る）ことで何らかの不利益が生じるのではと心配することがある。そのため、回答は任意であり、心配であれば調査に参加しなくてもよいこと、途中で中断してもよいこと、回答しなくても不利益はないことを説明する。もちろん、実際に不利益が生じないよう最大限配慮する。

④その他
その他、以下についても記しておいたほうがよい。
- **項目数やおおよその所要時間**：標本抽出型の場合、ほとんどの人がこうした調査に答えたことがなく、調査に回答することがどのくらい大変なのかを気にすることがある。このため、概算でどれぐらいの量になるかを伝えておいたほうがよい。
- **謝礼**：謝礼がある場合には、それがどのようなもの（金銭か物品など）で、どうやって提供されるかを伝えておくとよい。ただし、ウェブ調査の場合、謝礼がつけにくいということがある。特に電子メ

ールで調査対象者と接触をとる場合、どのような謝礼の手段があるかはまだ十分に議論がなされていない。
- **匿名性の保証**：個人が特定されないような配慮をしているかはきちんと伝える。筆者らが標本抽出型ウェブ調査を行うときは、回答画面にアクセスするときのパスワードは回答者個人のIDと紐づけられていないことをはっきり伝え、また質問の項目の中に個人の名前や住所・電話番号などを聞く質問は一切ないことも伝えている。なお、同じ個人に時間をおいて複数回回答を依頼する場合など、調査実施の際にどうしても回答者個々人を特定する必要がある場合は、その理由を説明し、調査が完了した時点ですべての個人情報を削除することを明記する。
- **プライバシーの保護**：個人情報が外部に流出しないことなどを説明する。得られた情報を目的外で使用しないこと（「いただいた回答は研究目的以外に使用しません」）、回答者個人が特定できるような使用はしないこと（「得られたお答えは統計的に処理し、特定の個人の回答を取り扱うことはありません」）、そしてデータが流出しないような方策を講ずること等をきちんと明記する。
- **倫理審査による承認の有無**：所属先の研究倫理委員会等で承認を受けている場合には、そのことも記したほうが、回答者の安心感が高くなるだろう（例：「なお、本研究は○○大学□□学部研究倫理委員会の承認（承認番号×××××）を受けております」）。研究助成を受けている場合は、どこから、どのような研究題目で助成を受けているのかを記す。

なお、一般論というよりも、個別の状況によって調査対象者に事前に説明しておくことが求められる内容もある。たとえば、住民基本台帳や選挙人名簿を標本抽出台帳に用いる場合、台帳の閲覧申請に際して調査結果をどのような機会でどこに公表するかを記述することが求められる。このため地方自治体によっては、この公表計画も調査対象者へ知らせるように求めてくることがある。実際、調査を実施する際にはその結果を

何らかの形で公にすることが倫理的に求められるので、どこまで具体的にするかは別としても、公表の予定を知らせるほうがよい。

一般的には、郵送調査でもウェブ調査でも、回答が得られたことをもって協力に同意したものとみなされる。ただし、専門分野や学会によっては、もっと厳密に同意を確認するよう求めることもある。このような場合、調査票や回答画面の最初のページに協力の同意欄を別に設け、チェックしてもらうことがある。また、こうした点については、学会だけでなく調査者の所属機関から要求されることもある。これはウェブ調査に限らないが、研究者が調査を実施する場合、所属機関による研究倫理審査を受け、調査内容および方法について倫理的な問題がないかを確認

社会に対する意識に関する調査

この調査では、社会に対する意識等についてうかがいます。
調査は無記名で、回答いただいたデータは、研究目的以外に使用することはありません。また、結果はすべて統計的に処理しますので、個人は特定されず、プライバシーが侵害されることはありません。回答時間は10分程度です。どれが正解ということはありませんので、あまり深く考えず、ご自身の印象に従って回答してください。

なおこの調査に協力するかどうかは、自由にご判断ください。お断り頂いたとしても、不利益が生じることは一切ございません。本調査に関してご質問やご意見がございましたら、下記までご連絡ください。

本調査の結果は、関連学会において論文として公表する予定です。公表の際にも、データと同様に、十分に個人情報に配慮いたします。また、ご要望に応じて皆さまにも研究の分析結果を提示させていただきます。

ご協力のほど、よろしくお願いします。
　　　　　調査責任者　○○大学△△学部　××××（連絡先：　　　　　　　）

ご協力いただけましたら、以下をチェックして、回答に進んでください。

　　　　　□　上記内容に同意し、調査に協力します。

図 5-1　ウェブ回答画面上に掲示される依頼文の例

してもらうことが必要とされる。所属機関ごとに倫理的要求の細部が異なることがあり、その場合は所属機関の研究倫理審査会あるいは委員会の決定にしたがうことになる。

標本抽出型ウェブ調査で調査対象者に郵便で接触をとった場合でも、依頼の文面をウェブ回答画面上にも掲示した方がよい（図 5-1）。登録モニター型の場合は登録モニターに郵便で依頼文を送ることができないので、ウェブ画面上の依頼文が回答者の同意を確認する唯一の機会となる。ただし、依頼状は紙 1 枚分の文章が書けるのに対し、ウェブ画面上に書ける文章の量は限られている。これはスマホからの回答を想定する場合は特に注意が必要であり、依頼状に記載された内容のうち重要な事項だけを簡潔に記載する。

(3) 回答画面への誘導

電子メールで調査対象者に接触する場合、メールの中に回答画面の URL リンクを貼り、ここをクリックすると回答画面に遷移するように設定する。これは登録モニター型で使われている、もっとも一般的な方法である。ただし調査対象者との接触を郵便で行う場合は、この方法は使えない。一般的に URL は長い文字列で、これをブラウザのアドレスバーに手で入力していくのは現実的ではないからである。したがって標本抽出型ウェブ調査の場合は、QR コード（第 6 章参照）を手紙に印刷し、これを調査対象者のスマートフォンで読み込んでもらうことになる。URL を QR コードにするアプリケーションはウェブ上に多数出回っているので、必要であれば自分で検索して欲しい。

回答画面への誘導で注意すべきは、依頼を行っていない者が参入できないようにすること、そして同じ人が複数回回答できないようにすることである。Google Forms などは、初期設定では同じドメインからしかアクセスを認めていない。同じ大学や組織に所属する人だけが調査対象になるのであれば、このままでなんら問題はないが、標本抽出型のように組織外部の人に回答を求める場合は、設定を変更し外部からのアクセスを許可する必要がある。さらに外部からのアクセスを認める場合、回

答を依頼していない人が回答画面に入ってきたり、同じ人が何回も回答することを回避するために、アクセスIDとパスワードを発行して回答画面の入り口をコントロールする必要がある。

3 質問項目の並べ方

　前章で論じたように、質問項目は無規則に並べられると回答する側にとっては答えにくく、また回答への心理的負担も大きくなる。そのため、聞かれる内容が回答者にすんなり受け取られるように、うまくコンテクスト（文脈）を作って配置していく必要がある。ただ、科学的な視点からどのような並べ方が正解かということになると、これはまったく未踏の領域と言わざるを得ない。つまり、どう並べたら回答者に正確に内容が伝わり、そして答えやすくなるかについての研究知見はまだ不十分で、調査者の創意工夫に頼るほかないのが現状である。

　一般論として、質問はその内容ごとに事前に大きくブロックに分けておくとよい（たとえば家族、生活水準、心の状態など）。そしてそのブロックごとに、どのように質問を並べると相手に伝わりやすいかを考えながら並べていく。性別や年齢などは家族構成や家庭生活に関する質問の中に、また学歴や就労所得などは職歴を聞く項目の中に位置づけておくと、回答者としては自然に答えやすい。

　また、回答者にとって関心を持ちやすい内容を調査票の前のほうに持っていくと、回答への抵抗感が小さくなりやすい。筆者らがコロナ禍の最中（2020年）に調査を行ったときは、コロナ禍の影響に関係する質問を最初に並べた。このときは、コロナ禍がこれから個々人の生活にどのような影響を与えるか、誰もが気になっていたからである。他方、たとえば家族の中での男性と女性の役割や子どもの育て方についての質問を最初に持っていくと、未婚の人は答えられず、自分には関係のない調査だと思って回答をやめてしまう人が出てくる。できるだけ多くの人に関心を抱いてもらい、答えやすいという印象を持ってもらうように質問を並べるのは、想像するほど簡単ではない。事前に時間をかけてしっかり

検討する必要がある。

4　質問文の作り方

　調査者は、自分が何を知りたいのかをよく検討し、それを適切に尋ねる質問文を作成しなければならない。このときにもっとも注意しなければならないことは、差別表現を使ったり、回答者が傷ついたりするような倫理的に問題のある質問をしてはならないということである。なお、ここは調査をする側の研究対象に対する認識が問われる部分でもある。この点は事前に何度も自問して、場合によっては身の回りにいる人たちにあらかじめ印象を聞いてみるなどして、十分に配慮する必要がある。

　また調査の質問項目すべてを、調査者がオリジナルで作成する必要はない。他の調査で使われていた質問項目を使うことで、自分で行う調査との比較もできるようになる。したがって、まずは先行研究で用いられた調査項目の中に自分の調査でも使えるものがあるかどうかを探すことをお薦めする。なお、よく使用される心理尺度などの中には、著作権が設定されている場合もある。こうした場合は、事前に権利者に許可を得なければならないことがあるので、注意が必要である[2]。

　調査者が独自に項目を作成する場合は、以下の点に注意する。

(1) 表現は丁寧に親しみやすく。適切な敬語、丁寧語を用いる

　調査で取り上げる内容やテーマについて、回答者が知識や関心を持っているとは限らない。調査者は調査対象者に協力のお願いをする立場であることを忘れずに、回答者に対して敬意を持って、わかりやすい項目文を作成しなければならない。

---

[2] 開発者の連絡先は、尺度作成の過程を記した文献に記されていることがあるし、所属機関のホームページや学会の会員検索システムで調べられることも多い。また、出版社や民間団体が著作権を有している場合もあり、こうした場合は特に注意する必要がある。

（2）平易な用語を用いる。必要なら説明を加える

回答者が知らないような専門用語や、誤解する可能性があるような語はできるだけ避け、どうしても用いなければならない場合には説明を加える。また難しい漢字であれば、ルビを振るなどの配慮をする。略語を用いる場合は、正式な名称や訳語も併記するほうが良い（例：PTSD＝Post-traumatic stress disorder、心的外傷後ストレス障害）。

（3）曖昧な表現を避ける

たとえば、「あなたの住んでいる地域」と言われたときは、それが町内なのか、もっと広い範囲を指すのかがわからない。このような場合には、「生活に必要な買い物や用事等を日常的に行う範囲」といった補足を加える。また、「たくさん」「たまに」といった数量や頻度を示す語も、どの程度であれば「たくさん」「たまに」なのかがはっきりせず、人によって捉え方が異なったり、回答に迷ったりするので避けたほうがよい。

（4）否定語を多用しない

「〜ない」のような否定語が含まれると、意味が伝わりにくくなったり、読み間違いが多くなったりする。たとえば「あなたは死刑制度を廃止しないことが凶悪犯罪を増加させないという考えについてどう思いますか？」という文章で何を問われているかすぐにわかるだろうか。読む側にとって、否定語は意外と混乱しやすいのである。

（5）立場によって文意が異なることに注意する

「あなたは重い病気に罹ったことがありますか？」という質問では、何が「重い病気」なのかが、一般人と医療関係者とで異なるかもしれない。一般の人であればインフルエンザで40度の高熱が出れば「重い病気」であっても、がんや心筋梗塞などの治療に携わる医師にとってはごく日常的な病気であり、風邪と大差ない病気に過ぎない。こういった場合があることを念頭に、調査者はすべての回答者で同じ理解がなされるような項目文を作る努力をしなければならない。

(6) 1つの質問文中に、2つ以上の質問が含まれないようにする

　1つの質問文には1つの質問だけを含めるようにする。複数の質問内容が含まれると、回答できなくなったり、何について回答したのかがわからなくなったりする。たとえば、「あなたは、家庭教育や学校教育の質の低下が少年非行の原因だと思いますか？」と尋ねられたときに、「家庭教育は少年非行の原因であるが、学校教育は関係がない」と考える人はイエス／ノーのどちらも選びにくいし、どちらかを選んだとしてもそれは正確なデータにならない。こうした、1つの質問文に2つ以上の質問が入っているものを、専門用語で「ダブルバーレル項目」といい、安定した結果が得られないことが知られている。

(7) 特定の回答に誘導しない

　調査者は、心の中では、研究仮説が支持されるような回答がなされることを望んでいるかもしれない。しかし、研究は中立であることを目指さなければならず、一方の選択肢の利点や欠点だけが述べられているような、誘導的な質問文を作成してはならない。これについては前章でも触れたが、誘導的な質問というのは意外に多い。たとえば、以下の世論調査の設問も誘導的と判断される。

問：「<u>財政再建や、社会保障制度を維持するために、</u>消費税率の引き上げが必要だと思いますか、そうは思いませんか」（読売新聞2010年6月28日）[3]
・必要だ　　　　　64%
・そうは思わない　33%
・答えない　　　　3%

＊下線は筆者が加えた。なお、%はこの質問への回答の割合

---

[3] https://yomidas.yomiuri.co.jp/yomiuri/articles/5247361　（「参院選」第3回継続全国世論調査　質問と回答　2024年4月3日参照）

誘導的な質問は多くの場合、調査を行う人間が調査内容に思い入れを強く持つことによって起こる。この世論調査の例も、この質問を作成した記者は財政問題に対する危機意識を強く持っていて、それがこうした文章に半ば無意識に現れてしまったのだろう。そのような状態であれば、質問文が誘導的になっていることは項目を作った本人にはなかなかわからない。このような場合、事前に他の人に印象を聞いたりして中立的かどうかを確認する必要がある。

(8) ワーディングの影響に気をつける

　同じことを尋ねているようであっても、異なる表現であれば、異なる回答がなされることがある。ヒップラーは、「道路の凍結防止のために塩をまくと街路樹が傷つくが、塩の使用を許可すべきか」と尋ねてみた。このように聞かれて反対と答えた人、つまり塩をまくことはやめさせたほうがいいという人は79%だった。ところが質問の文章を変え、「塩の使用を禁止すべきか」という逆の表現にしたところ、賛成つまり塩をまくことはやめさせたほうがいいという人は62%しかいなかった（Hippler & Schwarz 1986）。まったく同じ内容なのに、聞き方をわずかに変えるだけで、これほど数字に変化が出てしまうのである。同様に、心理尺度でも、測定しようとする概念を反対方向の表現で尋ねようとする逆転項目で、想定していたような回答が得られないことがある。どのような表現のときにどのような回答がなされやすいのかを事前に予想することは難しいかもしれないが、尋ね方によって結果が変わる可能性があることは知っておいたほうがよい。またこのことは、同内容であっても異なる質問文を用いているような、複数の調査結果の比較をする際に注意が必要であることも示している。

5　Google Formsで回答画面を作成するときの留意点

　以下ではGoogle WorkplaceのFormsを用いて回答画面の作成を行ってみたい。これは大学生にとってもっとも利用可能性の高いアプリケー

ションであろう。第 1 章でとりあげた C.（サーバ提供型）や D.（サーバ＆モニター提供型）などを用いる場合は、契約する各社のものを使うことになるが、基本的な使い方は同じと考えてよい。ただ、Forms は他社のものとは少し違った特徴があるので、先にそれについて触れておきたい。

　第一の特徴は、Google Forms は初期設定で 1 画面方式を採用している点である。ウェブ調査の回答画面は、1 画面にすべての質問が並ぶ方式（1 画面方式）と、1 問ごとに画面が切り替わっていく方式（遷移画面方式）とがある。回答者の側からみると、1 画面方式というのは下に向かって質問が延々と続く方式、遷移画面方式は画面に質問が 1 問出て、これに回答し「次へ」というタブをクリックすると画面が切り替わって新しい質問が表示される方式である。

　ウェブ調査の開始当時は、この 2 つのどちらがいいかについてさかんに議論が行われていた（Best & Krueger 2004）。1 画面方式は回答画面を下にスクロールしていけばどのような内容の質問がどれぐらいの量で並んでいるかが一目でわかる。そのため、回答する側にとっては、どういう質問がこれから聞かれるか予想しやすい。これに対して遷移画面方式は、次にどのような質問が来るのか、あとのくらい質問が残っているのかがわからないため、回答者としては不安を感じることがある。また、遷移画面方式は画面が切り替わるたびにサーバへのアクセスが起こるので、通信環境によってはレスポンスが遅くなり回答時間が長くなる。

　だが、今日では 1 画面方式を用いることはほとんどない。理由は簡単で、1 画面方式だと技術的な制約が著しいからである。たとえば、1 画面方式では回答分岐（後述）の設定ができない。回答分岐は最小限化をスクリーニングするときも使われるため、今日のウェブ調査では必須の技術である。また、1 画面方式では、下に向けて並んだ質問のうちいくつかをスキップする（答えずに空欄のまま次の質問に行ってしまうこと）回答者が出てくる。つまり無回答の発生頻度が高くなる。これはかなり初期から指摘されていたが、今日のように登録モニターに有償で回答を求める状況では、無回答の発生をできるだけ抑制させることが当然と考えられており、この点でも無回答のチェックが簡単な遷移画面方式が好

まれる。

　第二の特徴は、収集した調査データのアウトプット形式がテキスト（文字）だということである。これはウェブ調査のアプリケーションとしてはきわめて珍しい。一般的に、ウェブ調査によって得られたデータは、そのまま統計分析ソフトに取り込んで統計分析に持ち込まれる。このためにはデータが数値となっていることが必要で、したがってウェブ調査のアウトプットも数値化された状態になっているのが普通である。テキストデータとしてアウトプットされると、これを数字に変換する作業が必要になる。

　第三の特徴は、複数回答式の質問について、選択した複数の項目のテキストが1つのカラムに入れられていることである。これも、統計分析を行うことに慣れていると戸惑う形式である。というのは、複数回答式を統計分析に持ち込む場合、特に多変量解析に持ち込む場合は、選択肢ごとに変数を分けてある必要があるからである。

　こうした特徴は、おそらく、Formsが学生の宿題や理解度テストのために使用することを念頭において開発された、つまり元々はウェブ調査としての利用とは違う目的だったからと考えられる。テストということになると、1問ごとに画面が変わって前の問題が見られないというのは非常にやりにくい。また単純集計が目的であれば、回答をそのまま数えればいいテキストデータのほうが効率的となる。したがって、これを統計分析に持ち込むためには、データファイルを別の形式に書き換える、つまりテキストデータを数値データに置き換える作業が必要になる。

6　回答のパターンとその設定の仕方

　Google Formsに用意された回答パターンは、以下のようになっている。

(1) ラジオボタン、プルダウン

　択一回答や評定法のような、複数の選択肢の中から1つを選んでもら

う場合、ラジオボタンやプルダウン（ドロップボックス）を用いる。ラジオボタンとプルダウンの違いは、ラジオボタンはすべての選択肢が常時回答画面に表示されるのに対し、プルダウンはポップアップ画面での表示となるという違いである。選択肢が非常に多いとき（47都道府県の選択など）は、すべての選択肢を常時表示すると画面が下方向に長く伸びてしまう。このような場合はラジオボタンよりもプルダウンのほうが適している。

　なお、これはアプリケーションの設計の問題になるが、ラジオボタンでどれか1つを選ぶと、無回答状態に戻すことができないように設定されているアプリケーションも多い。他の選択肢に変更する（＝最初に選んだ選択肢を無選択状態にする）ことはできるが、無回答状態（どの選択肢も選んでいない状態）には戻せないようになっている。これは必須回答、つまり必ず回答させることを念頭において回答画面が設計されているからのようである。ただ、社会科学の調査では、倫理的な理由などで無回答を許容する必要がある場合もある。このような場合には、「答えたくない」などの選択肢を用意しておくとよい。なお、Google Formsでは回答者がラジオボタンの項目を見たとき、右下に「選択を解除」というタブがあらわれる。ここをクリックすると一度選んだ選択肢を解除し、元の無回答状態に戻すことができる。

(2) チェックボックス

　チェックボックスとは複数回答式の質問に用いられるフォーマットで、ラジオボタンと異なり複数の選択肢のそれぞれについて、選択するかどうかを決められる。いくつでもチェックすることができる場合と、チェックできる数に制限がある（限定回答）場合とがある。Google Formsの初期設定では、選択数の数に制限がない。つまり全部の選択肢を選ぶこともできるし、また1個も選ばないということもできるようになっている。そしてこれは変更可能で、質問項目の設定画面の右下にある縦3点リーダの「回答の検証」をクリックすると、選択数の最低値と上限値を設定することができる。

ただし、複数回答式で選択肢の数を制限するというのは、社会科学の調査ではほとんど行われない。少なくとも筆者は見たことがない。マーケティング調査で複数回答式を用いる場合、よく見受けられるのが、商品のパッケージ画像を複数示し、どの画像だと購買意欲をそそられるかと聞くパターンである。これは選択肢となり得るものがすべて同一の軸の上に位置しているとみなし得る場合で、このような場合であれば、おいしそうに見えたものあるいは印象の強かったものから順にいくつという、数の制限を行っても回答者は困らない。ところが世論調査などで複数回答にする場合、抽象的な政治的意見や社会現象に対する態度などが選択肢となっていることが多い。こうなると、比較の基準が選択肢ごとに異なってしまうため、数を制限されると選びようがなくなってしまう。こうした点については、画面の設定ができるかどうかというだけでなく、質問の内容にマッチしているかどうかを慎重に検討して具体的な画面を設定する必要がある。

(3) 均等目盛

Forms のラジオボタンは選択肢が縦に並び、しかもその1つ1つにラベルが付されるレイアウトになっている。だが、どうしても横に選択肢を並べたい、ラベルは付さずに程度の度合いを位置で測りたいという場合もある。これに対応するのが均等目盛という回答形式である。これは評定尺度の場合に用いられる回答形式で、選択肢が横に並び、しかも両極にしかラベルが付されない。世論調査ではほとんど使われないが、心理学の調査などではよく使われる。

これと似たようなものとして、アプリケーションによってはバーをドラッグして回答するスライダー式が利用できるものがある。Google Forms の均等目盛と似ているが、スライダー式は位置だけで程度を回答するようになっており、直感的に答えやすいうえ、選択式のような離散量ではなく、連続量としての測定が可能である。

(4)選択式（グリッド）、チェックボックス（グリッド）

評定法で、評定段階となる選択肢が同じ複数の質問項目を、1画面に表示する場合に用いられる。表形式になっており、先頭行に選択肢のラベルが記されている。マトリックス式と呼ばれることもある。グリッド形式は、ウェブ調査の以前から、特に郵送法でリッカート尺度の質問をするときによく用いられてきた。そのメリットは、見た目がきれいでたくさんの質問を1つにまとめられるというだけでなく、同じ内容に関する質問であることが回答者に伝わりやすく、そのために回答者にとっては負担が少なく感じられるということがある（**図5-2**）。ただしデメリットもあり、回答者から見ると同じ内容の質問であると予想がつけやすくなるため、全部同じところに回答（ストレートライニング）するなど最小限化が起きやすいといわれる。

また、もう1つのデメリットとして、回答デバイスによっては見にくくなるという難点がある。このあたりはウェブ調査に特有な問題だが、PCを使って回答している場合、PCの画面は横に長いので横幅の広いグ

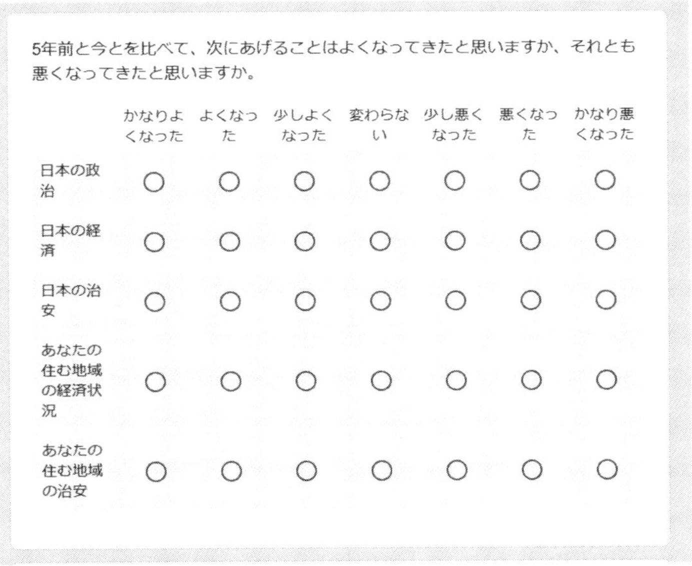
5年前と今とを比べて、次にあげることはよくなってきたと思いますか、それとも悪くなってきたと思いますか。

	かなりよくなった	よくなった	少しよくなった	変わらない	少し悪くなった	悪くなった	かなり悪くなった
日本の政治	○	○	○	○	○	○	○
日本の経済	○	○	○	○	○	○	○
日本の治安	○	○	○	○	○	○	○
あなたの住む地域の経済状況	○	○	○	○	○	○	○
あなたの住む地域の治安	○	○	○	○	○	○	○

図5-2　グリッド形式の質問、PCで表示した場合

リッド式は画面のおさまりがよく、見やすくなる。ところがスマートフォンから回答する場合、画面の幅が非常に狭いので、評定段階が多くなると画面におさまらず、横にスクロールしながら回答することになる（**図 5-3**）。答える側からすると、これは非常に見にくい。そして、筆者らの経験からいうと、今日のウェブ調査の回答は、ほとんどがスマートフォンからである。そうなると、グリッド式を用いることの是非を改めて問う必要が出

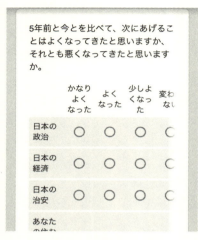

図 5-3　グリッド形式の質問、スマートフォンで表示した場合

てくる。

　なお、Google Forms では、複数回答もグリッド形式にすることができる。ただし、これも社会科学系では使われることは皆無に近い。マーケティング調査で商品パッケージを複数提示して、それぞれのパッケージでおいしそうに見えるもの、色づかいがきれいなもの、斬新なイメージのもの、インパクトが強いものを選んでもらうというような場合に使うらしい。だが何度も言うが、社会科学の場合、選択肢は抽象的な内容であることが多く、したがってこうした使い方をする場面はほとんど想定できない[4]。

---

[4] ネット上の情報を見ているとグリッド式を多用する説明が多いが、これは登録モニター型の料金設定とも関連していると思われる。つまり登録モニター型を受託している事業者は、1画面あたりいくらという料金設定をしているところがほとんどである。遷移画面式を採用し、質問に答えて次の質問に画面を遷移させた回数で料金を数える方法ということである。ということは、択一式の質問1つでも1画面だし、複数の選択肢を選ばせる複数回答式でも1画面、択一式の質問を複数集めたグリッド式でも1画面ということになる。となると、料金を下げるためには遷移させる画面数を減らせばいいという発想になり、1画面に入

Formsを含めほとんどのアプリケーションでは、回答画面に画像や音声、動画などを組み込むことができる。画像を見せてその印象を問うとか、音声を聞かせてその反応を見るなど、従来の紙と鉛筆型ではできなかったり、難しかったりするような調査が実施できる。しかしながら、これらの回答形式の有効性や問題点については、まだ十分に検討されておらず、注意を要する。

7　回答分岐

　調査票を作成する場合、質問に対して特定の回答をした人に対しては続けて特定の質問を、別の回答をした人には別の質問をする場合がある。たとえば家族構成について、子どもがいるかという質問をする。「いる」と答えた人には、何人いるのかと聞く。これに対して「いない」と答えた人には、人数を聞く必要はない。この場合は子どもの人数についての質問をスキップして次の質問に進む。また、働いているかという質問に「働いている」と答えた人には、どのような仕事をしているのかを聞くが、「働いていない」と答えた人には仕事の内容についての質問をする必要はない。このように、ある質問に対してどのように答えたかによって次に聞く質問が変わることを**回答分岐**（branching）という。

　回答分岐は、紙の調査票にすると想像する以上にわかりにくくなる。郵送法など回答者が見ることを前提にした調査票では、質問に対する回答選択肢の後に次に進む質問の番号を書き込んだり、あるいはそれぞれの質問の前に「前の質問で〇〇〇と答えた方にうかがいます」などと記載することが多い。だが、それでも質問がいくつも続いたり複雑な回答

れられる質問の数をできる限り増やそうとグリッド式を多用することになる。だがグリッド式、特に複数回答のグリッド式は、答える側からすると回答の仕方が難しい。何度も答えていれば慣れてくるかもしれないが、初めてのときは回答の仕方に戸惑う。そして標本抽出型の回答者はウェブ調査に答えるのが初めてという人が多い。そうなると、登録モニター型のノウハウをそのまま適用していいのかということにもなる。

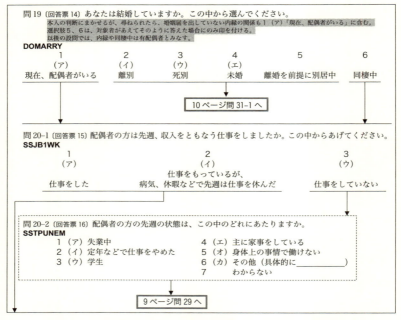

図 5-4　回答分岐が記載された訪問面接調査の調査票
出典：大阪商業大学「日本版 General Social Surveys　基礎集計表・コードブック JGSS_2008」

分岐になっている場合は、分岐先を追いかけ切れず、どの質問に答えたらいいかわからなくなることがある。訪問面接法の場合は、調査票の中に長い矢印で次に進むルートを示したりするが、これも分岐が複雑になってくると、次にどこの質問に進めばいいのかわからなくなる（**図 5-4**）。実際、これはかなり深刻な問題で、訪問面接法の調査で調査員が起こしたミスのうち、実に 90% がこの回答分岐の間違いだったという事例も報告されている（Weisberg 2005）。

　そしてこの回答分岐こそ、ウェブ調査を使用する最大のアドバンテージの 1 つである。つまりウェブ調査は回答分岐をプログラミングすることが可能であり、これによって回答者が答えるべき質問を間違えるということをほぼ完全に防止することができる。実際に Google Forms を使

ってやってみよう。以下は筆者が 2024 年にコロナ禍の影響を調査したときに設定した項目である。ここではコロナ禍で仕事をなくしたり大幅に減らされた人がどれぐらいいたかを知りたかった。ただ、これはコロナ禍が始まったときに働いていなかった人に聞く必要はない。したがって、次のような分岐を考えた。

セクション 1：「コロナ禍が始まったころを思い出してください。あなたは 4 年前（2020 年の 2 月ごろ）、何をしていましたか。」
　　選択肢 1：社会人として働いていた　　　　　→**セクション 2 へ**
　　選択肢 2：働いていなかった　　　　　　　　→**セクション 4 へ**

セクション 2：「コロナ禍になる前のあなたのお仕事は、次のどれにあたりますか。」
　　選択肢 1：正社員・正職員
　　選択肢 2：会社経営・役員（家族の他に人を雇っている）
　　選択肢 3：自営業（家族の他に人を雇っていない）
　　選択肢 4：派遣社員・契約社員・嘱託
　　選択肢 5：パート・アルバイト
　　選択肢 6：フリーランス

セクション 3：「コロナ禍になって、あなたのお仕事はどう変わりましたか。」
　　選択肢 1：かなり忙しくなった
　　選択肢 2：少し忙しくなった
　　選択肢 3：ほとんど変わらなかった
　　選択肢 4：少し仕事が減った
　　選択肢 5：かなり仕事が減った
　　選択肢 6：仕事がなくなった・やめさせられた

セクション4:「働いていなかった方は、当時なにをしていましたか。」
　選択肢1：学生だった
　選択肢2：専業主婦・主夫だった
　選択肢3：もう定年退職していた
　選択肢4：求職中・休職中だった

セクション5:「コロナ禍で外出自粛が求められたとき、あなたはどのようなことに気をつけていましたか。以下の中から、あてはまるものをいくつでも選んでください。」

（以下略）

　セクション2とセクション3の質問はコロナ禍が始まったときに就労していた人にのみ聞く質問で、セクション4は就労していなかった人にのみ聞く質問である。そしてセクション5以降は就労していたか否かに関係なく、全員に聞く質問になっている。この例は回答分岐の一番シンプルなパターンと思ってもらっていい。
　この設定の手順は以下のとおりである。まずここにあげた5つの質問を先にすべて作成しておく。先に質問ができていないと移動先を設定することができないからである。次に質問をセクションに分ける。前述のとおり、Formsは質問ごとにセクションとすることもできるし、複数の質問を1つのセクションに収めることもできる。だが、回答分岐をするときは必ずセクションを分ける。これは、Formsは回答分岐を質問ではなくセクションを単位として行うためである。
　セクション1の質問を作成し選択肢を定義するときには、択一式に相当する「ラジオボタン」を選択する。質問の右下にある3点リーダをクリックすると「回答に応じてセクションに移動」という項目があらわれる（複数回答式に相当するチェックリストを選択してしまうとこれが出てこないので注意）。この項目にチェックを入れると、個々の選択肢の右側で移動先のセクションを指定できるようになる。ここで選択肢1（「社会人として働いていた」）は「セクション2に移動」、選択肢2（「働いていなか

図 5-5　回答分岐の設定画面

った」）は「セクション 4 に移動」を選ぶ。これでセクション 1 の質問の回答分岐の設定ができる（図 5-5）。

　セクション 2 の質問では、どの選択肢を選んでもすべてセクション 3 の質問に行くことになる。セクション 3 は、この質問に答える人の全員が 4 年前に就労していたことを前提としているからである。すべて同じところに行く場合は、セクションの下の部分に「セクション 2 以降」と書かれていて、その右で移動する先のセクションを選べるようになっている。この例であればセクション 3 を選ぶ。セクション 3 も同様だが、セクション 3 に答えた人は就労していた人なので、就労していなかった人が答えるセクション 4 には答える必要がない。そこでセクション 3 のときは、「セクション 5 に移動」を選択する。セクション 1 で不就労としてセクション 4 に移動した人は、この 1 問を答えた後、全員がセクション 5 に移動することになるので、セクション 4 も最後に「セクション 5 に移動」と設定する。

　気をつけて欲しいのは、これらの質問のうち回答分岐をしているのはセクション 1 の質問だけだという点である。だが、回答分岐を設定するときは、それぞれ分岐した人がどういう質問に答えどこに行きつくのか

第 5 章　実　践　121

をきちんと確認する必要がある。したがって分岐する質問だけを見ていればいいということにはならない。関連する質問をすべて確認し、必要に応じて設定を行う必要がある。

　回答分岐を設定するときに注意すべきことはいくつかあるが、まず回答分岐を設定する質問では、すべての選択肢にそれぞれ移動先を設定しなければならない。もし移動先が設定されていない選択肢を選んでしまうと、そこを選んだ人は次にどの質問に答えればいいかがわからない、つまり迷子になってしまう。また、選択肢として「その他」は与えない。その他という選択肢の内容は多岐にわたり、実際に「その他」と答えた人の内容を自由記述で聞くと他の選択肢の内容と重複していることが多い。だが、その他という選択肢だけではどの選択肢に近いかはわからないため、選択肢ごとに進む先の変わる回答分岐では、どこに移動させればいいかがわからなくなってしまうのである。

　そして一番重要なのが、回答分岐を設定した質問では無回答を許容しない、つまり必須回答に設定することである。これも同じ理由で、答えない人をどこへ移動させればいいのかわからなくなるからである。ちなみに、これはアプリケーションごとに仕様が異なるが、Google Formsでは移動先を指定しなかった場合や必須回答にせずに無回答となった場合は、すべて次のセクションに移動させる設定になっている。上記の例でみると、セクション3はそのセクションに入った人全員に対して、その後の移動先（セクション5）が指定されている。これを設定することで、この質問に無回答であってもセクション5に移動する。ところが、ここで個別の選択肢ごとに移動先を指定すると、このセクション3の質問に無回答の人は次のセクション4、つまり就労していなかった人へ向けた質問に行ってしまう。こうなると、答える側にとって脈絡のない、自分とは関係のない質問に誘導されてしまうことになる。これを防止するためには、セクション3を必須回答にして無回答を許容しないか、あるいは質問の下のタブで全員一律に移動先を設定するかのどちらかが必要となる。このように、移動先の設定は慎重に、何度も確認しながら行う必要がある。

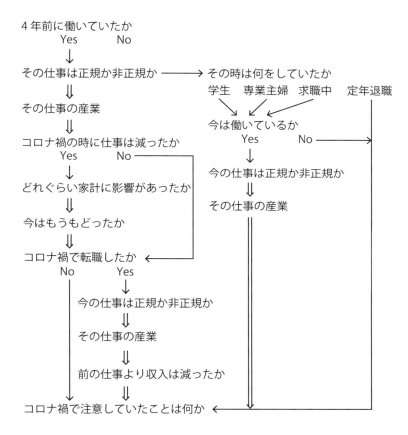

* 二重線矢印は分岐がない場合

図 5-6　実際の回答分岐のパターン

　Google Forms は、回答分岐を分岐が生じた質問（移動元の質問）で設定する。だがアプリケーションによっては移動先の質問で設定するものもある。このあたりは実際に使うアプリケーションの仕様を確認してほしい。なお、Forms では回答分岐の設定のタブの中に「フォームを送信」という項目がある。これを設定しておくと、その選択肢を選んで「次へ」をクリックした回答者は、その時点で自動的にフォームが送信され

強制終了となる。これは、最小限化をスクリーニングする質問、言い方は悪いがトラップとなる質問に用いることを意図しているらしい。

　ちなみに、実際の回答分岐はこれよりも複雑で、二重三重に分岐がかかることもめずらしくない。ここであげた例でも、実際には就労中の人のうち仕事が減らなかった人と減った人を分けて、減った人にはどれぐらいの収入減につながったかを聞き、そして就労者全員にコロナ禍中で転職したかどうか、転職した人にはどのような仕事に就いて職位や収入はどう変化したかを聞いている。さらに就労していなかった人については、コロナ禍の最中に就職したかどうか、就職した場合はどのような仕事に就いたか、と質問が続いている（**図 5-6**）。こういった複雑な回答分岐は就業状態や家族構成を主たる関心とする調査では一般的なので、こうしたテーマのときは特にウェブ調査は効果的と言える。

8　実査前のチェック

　ウェブ調査のメリットは、短時間で大量にデータを集められることである。しかしこのことは逆に、開始してしまうと、ミスに気が付いても修正が間に合わず、取り返しがつかなくなるリスクが高いということでもある。したがって、調査が意図したとおりになされるかどうかを、実査前に十分に確認しておく必要がある。特に以下の点については、可能な限り、PC とスマートフォンなど、画面の大きさや操作性の異なる複数のデバイスで確認することが望ましい。

(1) 視認性

　調査画面の見え方（大きさや色など）を、手元の機器などでチェックする。スマートフォンでの回答を想定している場合には、特に小画面での見え方に注意する。基本的に、できるだけスクロールをしないで回答ができるようにレイアウトするほうが望ましい。PC から回答画面を作成した場合、この回答画面をスマートフォンで表示させると、横スクロールをしなければ質問文が読めない、途中の選択肢までしか表示されな

いということも起こる。こうなると、表示されていない選択肢は無視されやすくなる。またグリッド型で項目数が多い場合、回答を進めて下にスクロールしていくうちに、選択肢のラベルが見えなくなることも起こる。この対処としては、何項目かごとに回答ラベルを再提示するよう設定する、あるいは選択肢のラベルの部分はスクロールしても常時表示されるように設定するという方法がある。ただ、このあたりは使用するアプリケーションによってできるものとできないものがある。そのため、もっとわかりやすい対処としては、項目を分割して別の設問にするという方法がある。

(2) テストデータの入力と動作確認

　調査画面が完成したら、実査の開始前に、データを実際に入力して、画面の遷移などが適切になされているかどうかを確認する。以下の点に留意しながら、できるだけ様々なパターンを試すようにする。

- 画面の切り替えが、意図したとおりになされているかどうか。
- 回答分岐が起こる質問で、適切な質問に続くようになっているかどうか。
- 必須回答の設定をしたときに、無回答が許容されないようになっているかどうか。
- 入力タイプが決められている（たとえば、数値だけしか入力できないようにしている）ときに、設定したとおり他の文字種の入力ができないかどうか。
- 依頼状に書いた回答時間の目安（例：「回答時間は10分程度です」）と大きくずれていないかどうか。

(3) 出力の確認

　ウェブ調査では調査者が回答を入力していく作業は必要ない。だが、調査者が意図していたとおりの形で出力されない可能性はまったくないわけではない。最近は減ったが、テキストで出力した結果が文字化けして読めないということもないわけではない。そのため、実査を開始する

前にテストとして回答を入力し、それが意図したとおりに出力されているかを確認しておくことを薦める。この事前の出力の確認で、回答画面の設定を間違えていたことに気づくこともある。こうした作業は手間がかかるが、予想外の事態が生じて有効なデータが取得できなくなるということを回避するためには必要な作業となる。

9 Formsのデータファイルの変換作業

(1) Formsで出力されるデータ

　Google Formsでは単純集計がオンタイムで行われ、個別の選択肢の選択件数およびその割合が表示される。単純集計結果だけを知りたいのであれば、データをダウンロードする必要はない。これは基本的に他のウェブ調査アプリケーションでも同じで、よほど簡略的なものでない限り、単純集計は自動で行われる。したがってデータファイルをダウンロードする場合は、統計分析を行う必要があるときと考えてよい。そうなるとFormsは少々都合が悪い。前述のとおり、Formsのデータファイルは文字データによって構成されているため、これを数字に変換しないと統計分析に持ち込めないのである。

　まず一般的なデータシートの形から見ていこう。図5-7は、筆者が先日行ったウェブ調査のデータシートである。このときは第1章で説明したD. つまり専門の業者に委託しウェブサーバの管理とモニターの提供を行ってもらった。その結果渡されたのが、こういう形式のデータファイルである。こういったデータシートは横に見ていくものとおぼえて欲しい。一番上の行には、userid、q1, q2……と並んでいるが、これが質問の番号にあたる（最初のuseridというのは回答者の番号で、回答が早く到着した順に自動的に振られている）。通常、1行目は質問番号あるいは変数名を示しており、このデータファイルを統計分析用のアプリケーションに読み込ませると、1行目が変数名として認識される。そして2行目からが実際のデータだが、1行の中に左から右に並んだ数字が1人の人の回答となる。つまり1番目の回答者（2行目）はq1には62, q2には

	A	B	C	D	E	F	G	H	I	J	K	L	M
1	userid	q1	q2	q3	q4	q5	q6	q7	q8_1	q8_2	q8_3	q8_4	q8_5
2	1001	62	2	2	4	5	3	1	1	1	0	1	1
3	1002	18	1	1	2	4	2	2	1	1	1	1	1
4	1003	43	2	2	3	4	1	3	1	1	1	0	0
5	1004	69	2	2	1	5	1	3	1	1	1	0	1
6	1005	62	2	2	3	4	1	3	1	1	1	0	1
7	1006	47	2	2	5	6	1	1	1	1	1	1	1
8	1007	64	2	2	2	5	3	1	1	1	1	0	1
9	1008	73	1	2	2	5	1	3	1	1	0	0	0
10	1009	51	2	2	3	4	1	3	1	1	1	0	1
11	1010	71	1	2	2	5	1	3	1	1	1	1	1
12	1011	64	2	3	4	5	1	3	1	1	1	1	1
13	1012	67	2	2	5	3	4	4	1	1	1	1	1
14	1013	67	2	2	5	3	1	1	1	1	1	0	1
15	1014	50	2	3	4	4	1	3	1	1	0	0	0
16	1015	64	1	2	4	5	1	2	1	1	1	1	1
17	1016	45	2	1	2	5	1	1	1	1	1	1	1
18	1017	60	2	3	3	5	1	3	1	1	1	0	0
19	1018	55	1	3	3	4	1	2	1	0	0	1	1
20	1019	72	2	2	4	5	1	3	1	1	1	0	1
21	1020	72	2	2	3	5	1	3	1	1	1	0	1
22	1021	67	2	2	4	5	3	4	1	1	1	1	1
23	1022	35	2	2	3	6	1	1	1	1	1	0	1

図 5-7　一般的なデータシート

2、q3 には 2…と答えていったということで、次の行（3 行目）には 2 番目の回答者が q1 に 18，q2 に 1…と答えていったということである。統計分析を行うデータシートは、基本的にこのような形になっている。

このとき、各変数の数字が何を意味するかは、それぞれの質問を作成したときの定義による。質問項目の回答画面を作成したときに数字での回答を求めた場合は、その回答された数字がそのまま表示される。上記の例でいえば、q1 は年齢を聞く質問で数字での回答を求めたため、このように出力されている。q2 からが択一式であるが、択一式であれば選択肢を設定するときに与えた番号（一般的には上の選択肢から 1，2，…と番号が振られる）、複数回答式であればチェックされた選択肢の番号となる。択一式で「その他」を設定した場合など、自由記述として設定した項目以外は、すべてのデータが数字で出力される。したがってデータシートに記載された数字が何を意味しているかは、各質問の選択肢の一

	A	B	C	D	E	F	
1	1 あなたは実家から通	2 自分で成績はいい方	3 あなたは中国という	4 今、日本と中国との	5 次のうち、あなたが	6 勉強も遊びもSNSも	7
2	自宅通学	どちらかといえばよく	あまり親しみを感じな	良好だと思わない	LINE, Twitter, Instagra	4～6時間ぐらい	
3	自宅通学	どちらかといえばよく	あまり親しみを感じな	良好だと思わない	LINE, Twitter	12時間以上	
4	下宿・アパートで独り暮らし		親しみを感じない	あまり良好だとは思え	LINE, TikTok, Instagra	2～4時間ぐらい	
5	自宅通学	かなり良くない方	どちらかというと親し	わからない	LINE, TikTok, Twitter, I	6～8時間ぐらい	
6	自宅通学	どちらかといえばよく	どちらかというと親し	あまり良好だとは思え	LINE, Twitter, Instagra	4～6時間ぐらい	
7	自宅通学	どちらかといえばよく	どちらかというと親し	良好だと思わない	LINE, TikTok, Twitter, I	6～8時間ぐらい	
8	自宅通学	どちらかといえばよく	親しみを感じない	あまり良好だとは思え	LINE, Instagram	12時間以上	
9	下宿・アパートで独り	他の人と同じぐらい	どちらかというと親し	良好だと思わない	TikTok, Twitter	4～6時間ぐらい	
10	自宅通学	他の人と同じぐらい	親しみを感じる	良好だと思う	LINE, TikTok, Twitter, I	12時間以内	
11	下宿・アパートで独り	かなり良い方	どちらかというと親し	あまり良好だとは思え	LINE, TikTok, Twitter, I	12時間以上	
12	自宅通学	どちらかといえばよく	親しみを感じない	あまり良好だとは思え	LINE, TikTok, Twitter, I	12時間以内	
13	自宅通学	かなり良くない方	あまり親しみを感じな	あまり良好だとは思え	LINE, Twitter, Instagra	6～8時間ぐらい	
14	自宅通学	どちらかといえばよく	あまり親しみを感じな	良好だと思わない	TikTok	4～6時間ぐらい	
15	自宅通学	どちらかといえばよく	親しみを感じる	良好だと思わない	LINE	8～12時間ぐらい	
16	自宅通学	他の人と同じぐらい	親しみを感じる	あまり良好だとは思え	LINE, Twitter, Instagra	2時間以内	
17	下宿・アパートで独り	どちらかといえばいい	あまり親しみを感じな	あまり良好だとは思え	LINE, Twitter, Instagra	4～6時間ぐらい	
18	下宿・アパートで独り	他の人と同じぐらい	あまり親しみを感じな	あまり良好だとは思え	LINE, TikTok, Twitter, I	4～6時間ぐらい	
19	自宅通学	他の人と同じぐらい	あまり親しみを感じな	良好だと思わない	LINE, TikTok, Twitter	4～6時間ぐらい	
20	自宅通学	かなりいい方		親しみを感じる	LINE, Twitter	2時間以内	
21	自宅通学	どちらかというとよく	どちらかというと親し	ああ良好だと思う	LINE, TikTok, Twitter, I	2～4時間ぐらい	
22	自宅通学	かなり良くない方	親しみを感じない	良好だと思わない	LINE	4～6時間ぐらい	
23	自宅通学	どちらかというとよく	どちらかというと親し	良好だと思う	LINE, TikTok, Twitter, I	4～6時間ぐらい	
24	自宅通学	他の人と同じぐらい	親しみを感じる	あまり良好だとは思え	LINE, TikTok, Twitter, I	4～6時間ぐらい	
25	自宅通学	どちらかというとよく	わからない	わからない	LINE	30分以内	
26	下宿・アパートで独り	他の人と同じぐらい	親しみを感じない	良好だと思わない	LINE, TikTok, Twitter, I	2～4時間ぐらい	

図 5-8　Forms の出力ファイル

覧を見ながら逐一確認していく必要がある。

　ところが、この点について、Forms で得られるデータシートは少々特殊である。図 5-8 は、Forms を用いて筆者の大学で在学生に行ったウェブ調査のデータシートだが、すぐにわかるように Forms のデータシートはすべてが文字列で構成されている。一般的には択一式や複数回答式は選択肢の番号が数字で記載されるのだが、Forms の場合は選択肢の文章がそのまま文字列として記録される。変数名も質問の番号ではなく質問の文章がそのまま出力されている。これは使いやすいように見えて実は使いにくい。というのは、この形式だと統計分析アプリケーションに読み込めない、計算することができないからである。したがって、このテキスト形式の入力をすべて数字に置き換えていく作業が必要になる。

　また、もう一点目を留めて欲しいのが、列 E のところで複数の単語がカンマで仕切られて一つのセルに入っているところである。これは、この質問が複数回答式になっているために生じている。この項目の質問文章は「次のうち、あなたが普段使っている SNS はどれですか。」という

もので、選択肢として LINE, TikTok, Twitter, Instagram, Facebook が並び、この中から複数選択できるようになっている。そして、このデータシートに記載された 1 番目の回答者は、LINE と Twitter, Instagram の 3 つを選択したということである。こういうフォーマットをとっているウェブ調査のアプリケーションもあるが、実際に統計分析に持ち込むときは、**図 5-7** の列 I から列 M のように回答を個別のセルに分けて入れる必要がある。

この**図 5-7** の変数名について、q7 は元の質問が「コロナ禍になって最初の半年ほどの厳しい外出自粛のときに、あなたは主に何をしていましたか」という質問で、回答選択肢は「1　家で家族の世話をしていた」、「2　家でテレワーク、在宅勤務をしていた」、「3　以前と変わらず仕事に行っていた」、「4　特に何もせずに家にいた」という 4 つから選択、つまり択一式だった。この部分はそのまま選択肢の番号が記載されている。これに対し q8 は「外出自粛の時に次のように感じることはありましたか」という質問で「1　リラックスできた」、「2　睡眠不足が解消できた」、「3　家族と一緒の時間が過ごせた」……と 10 個の選択肢で複数回答させる、つまり複数回答式形式の質問である。そして、このフォーマットでは、10 個ある選択肢を分け、q8_1 という列は 1 番目の選択肢を選んだときに 1、選んでいないときは 0、そして次の列、q8_2 のところは 2 番目の選択肢を選んだときに 1、選ばなかったときは 0 と入力してある。したがって図には入り切っていないが、この q8 は、q8_1 から q8_10 まで 10 個の列で構成される 1 つの質問なのである。

（2）複数回答セルの分割

Forms のデータシートを統計分析に持ち込むには、こうした特殊な形式を一般的な形式に変換する必要がある。まず行うのが、複数回答式の質問の回答を 0・1 に変換することである。Excel を使ってこれを行う場合、いくつか方法はあるが、ここでは countif という関数を使う（**図 5-9**）。手順としては

①複数回答式の質問の右に選択肢の数だけ列を挿入する。この質問で

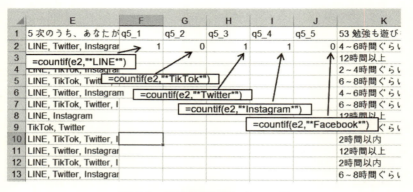

図 5-9　複数回答式のリコード

は列 E に複数回答式の質問 q5 があり、選択肢が LINE, TikTok, Twitter, Instagram, Facebook と 5 つあるので、5 列つまり列 F から列 J までを挿入する。

②列 F は LINE を使用しているかどうかを示す変数になるので、とりあえず変数名として q5_1 という名を与え、これを F1 のセルに入力する。同様に G1 には q5_2、H1 に q5_3、I1 に q5_4、J1 に q5_5 と入力し、その下、2 行目のセルに移動する。

③ F2 のセルに次の関数式を入力する。「=countif(e2,"*LINE*")」。countif は、「指定されたセル（ここでは E2）に「"」で囲んだ文字列があった場合の数を数える」という関数である。この例でいえば、E2 のセルに LINE という文字列があったら 1、なければ 0 を返す。ちなみに「*」という記号はワイルドカード、つまりその部分はどのような文字列でも構わないという意味で、この場合は LINE という文字の前と後にワイルドカードを付してあるので、LINE という文字列の前後に何か他の文字があってもいいという意味である。

④同様に G2 のセルには「=countif(e2,"*TikTok*")」、H2 には「=countif(e2,"*Twitter*")」、I2 には「=countif(e2,"*Instagram*")」、J2 には「=countif(e2,"*Facebook*")」と入力する。すると図に出ているように、それぞれの SNS を使っているときは 1、使っていないときは 0 が返される。

⑤この 5 個のセルをコピーし、下の行にペーストしていけば、すべての行で出力される。

⑥このままだと見た目には 0 と 1 とでコーディングされているが、実際にはセルの中は関数式のままである。そこで列 F から列 J を選択し、コピー、そして「値のみ」を選んで同じ場所にペーストする。

⑦ここまで終わったら入力ミスがないかを確認し、その部分の複数回答式の入力された列、この例でいえば列 E を削除する。こうすることで、データの重複を防ぐ。

(3) 択一式のテキスト変換

複数回答式の場合は列を新たに作り直す必要があったが、択一式の場合は列はそのままで、選択肢の文字列を単純に数字に置き換えていけばいい（図 5-10）。まず 1 つの列（この例でいえば列 A）を選択し、次に「検索と選択」から「置換」を選び、検索する文字列としてその質問の選択肢の文字列（この例でいえば「自宅通学」）、置換後の文字列としてそ

図 5-10　択一式の回答のリコード

の選択肢の番号（最初の選択肢なので1）を入力し「すべて置換」をクリックする。さらに同じ列で続けて次の選択肢の文字列（「下宿・アパートで独り暮らし」）を選択肢の番号（＝2）、3番目の選択肢の文字列（親せき宅から通学）を選択肢の番号（＝3）へと続けて置き換えていく。1つの変数について終わったら、次の列に移動し同様にすべての選択肢について文字列を数字に置き換えていく。

　以上のように、手順としては簡単だが、同じような作業をひたすら繰り返すことになる。ちなみに実際の調査では質問項目が100を超えることもめずらしくない。この大学生の調査も、実際の質問項目数は60を超えている。何度も調査を経験しこうした作業に慣れてくると、次第に効率的な方法を思いつくようになるが、そこまで習熟する過程でミスも多数経験する。慣れるまでは1つ1つ丁寧に時間をかけて行うことをお薦めする。

(4) 変数名の再設定

　Google Formsでは変数名も質問の文章が文字列で入力されているが、これも統計分析ソフトに読み込ませるためには書き直す必要がある。変数名は統計ソフトによっては記号を変数名として読み込まないこともあるし、文字数に制限がある場合もある。変数名のルールは統計分析ソフトごとに異なっており、一概に論じることは難しい。ただ一般論として、変数名には全角文字の使用は避け、記号の使用は最小限にする、8文字以下の短さにする、変数名の最初の1文字は数字ではなくアルファベットにする、といったルールが定められていることが多い。

　なお、これらは相当な時間と労力を要する作業となり、何度もファイルの上書き保存をすることになる。またミスも出やすく、途中で気づいてやり直しということも頻繁に起こる。この時にもっとも気を付けなければならないのは、データファイルをこまめに別名で保存しながら作業を進めることである。そして元のデータファイルも必ず別名で保存しておく。これを怠った状態で作業を進めると、途中でミスをしたときにやり直しが不可能となる。最悪の事態は、元のデータファイルをうっかり

上書きしてしまい、ミスをする前のデータファイルがなくなってしまうことである。こうなるとゲームセット、つまり打つ手がなくなる。ウェブ調査は調査票が紙で残らず、すべてデジタルな状態、言い換えれば書き換え可能な状態にある。したがって、データファイルの管理は十分に注意する必要がある。

第6章 セルフ型ウェブ調査の実装

　前章では具体的な回答画面の作成について、Google Forms を使用して説明したが、本章ではホスティングサービスを利用した「セルフ型ウェブ調査」による実装方法について解説する。なお、本書では、スマートフォンの使用を前提として画面設計を論じており、1画面につき1質問で画面を遷移することを想定している。

1 セルフ型ウェブ調査とは

　第1章で述べたように、ウェブ調査を実施するためには、回答者を確保し、回答画面を作成し、これをウェブサーバ上で管理するという3つが必要となる。この1つ1つが、実はかなりの労力と専門の技能を要する作業であり、たとえ社会科学の研究者であっても、これらをすべて手掛けるというのは至難の業である。したがって、手の届かない部分は外部に委託することが一般的である。調査者が回答者の確保をできるのであれば、回答画面の作成を Google Forms のようなアプリケーションを使って行うこともできるし、あるいは専門の調査事業者に委託することもできる。回答画面の作成とウェブサーバの管理だけでなく、回答者の確保も業者に委託するということであれば、これらをすべて受託する事業者も多数存在する。これが要するに、これまで述べてきた登録モニ

ター型ウェブ調査である。そして一般的にウェブ調査とは、この登録モニター型ウェブ調査のことをさす。つまり、ウェブ調査は調査者が行うものではなく、専門の事業者に委託して行うものというのが、ウェブ調査に対する一般的な理解である。

　だが、業者に委託することで見えなくなる部分もある。一昔前、郵送であれ訪問面接法であれ、人から意見を聞く調査というのは、大変な労力を要するものだった。台帳を鉛筆で書き写し、その住所を訪れ、一面識もない人と会って何度も頭を下げ、時には断られ、回答済みの調査票をようやく集めたと思ったら、それを積み上げて1つ1つミスがないかを確認し、コンピュータに手作業で入力していく。クレームの電話には平謝りで対応し、手伝ってくれる学生がいたら、その学生のサポートもしなければならない。すべてを1人でこなすことなどできない。気心の知れた研究者仲間とチームを組み、分担する。それでも膨大な作業に忙殺される。調査というのは、このような労力を伴う作業だった。だが、それだけの労力を要する半面で、現場で何が起こっているか、どのような場面でどのような問題が生じ、それが調査結果にどのような影響を与えているか、調査をしている側は把握することができた。そのため、どの部分のデータをどのように分析すればいいのか、どの部分を分析するときはどのようなことに注意する必要があるかといったことを、調査者が理解することができた。ところが業者に委託すると、調査者が手に入れることができるのは、データだけである。調査の過程で何が起こっているかはわからない。調査結果を見て、ひょっとしてこういうことがあったのではないか、こんな問題が生じていたのかもしれないと思っても、そうした疑問が解決されることはない。そうなると、データから得た結論が果たして正しいと言えるのか、調査者自身が疑心暗鬼になってしまう。

　こうした点からいえば、ウェブ調査であっても調査者が直接管理するという選択肢を残しておく必要がある。本章で「セルフ型ウェブ調査」に言及するのは、このためである。セルフ型ウェブ調査は、実施者自らが調査対象者の抽出、サーバ環境の構築、回答画面の設計、そしてデー

タ分析まですべてを行う方法である。この方法の利点は、すべての過程に実施者が係わるため、透明性が高く、予想外の事態が生じても、その把握と対応が容易になる点である。調査対象者は住民基本台帳や選挙人名簿から無作為抽出することができるため、母集団のうち網羅できている範囲の把握が容易で、回答者に偏りが出たとしても、その傾向が予想しやすい。また、回答画面の設計が自由に行えるため、調査事業者に委託するよりも自由度が高い。さらに入手できるパラデータの幅も広い。欠点は、環境の構築・回答画面の設計に高い専門性が必要とされることや、ウェブサーバ本体の費用、IDやパスワードの管理、調査依頼のための書類の郵送コストなどすべてを実施者が負担する必要があることである。さらには、これまで述べてきたように、現状では、旧来型の調査法と比べても高い回答率は期待できない。コストパフォーマンスという点で問題があるのは間違いない。

　そうした点で、本書では「登録モニター型はやめてセルフ型ウェブ調査にしましょう」とは言わない。「セルフ型ウェブ調査のほうが優れています」とも言わない。筆者らがセルフ型ウェブ調査に言及するのは、こういう選択肢が存在しているということ、そして必要と判断された場合は、こうした調査を実施することができるということを知っておいて欲しいからである。

2　ウェブ調査の実装環境

(1) サーバの種類

　本章では、ホスティングサービスを利用してウェブ調査を実施することを想定しているため、サーバの構築方法については割愛する。ホスティングサービスは、通信事業者などがデータセンターなどに設置しているサーバをインターネット経由でレンタルするものである。ホスティングサービスには、主に以下の3種類があり、セキュリティ対策なども様々なものがある。

【共有ホスティング】
1台のサーバで複数のウェブサイトを共有するもので、小規模での利用に向いており低コストであるが、各サイトにおいて割り当てられるリソースが限定される。
【専用サーバホスティング】
ウェブサイトに対して1台のサーバのリソースがすべて割り当てられるため、大規模なサイト運営に向いている。
【クラウドホスティング】
複数の仮想サーバを組み合わせて利用するため、スケーラビリティや柔軟性が高く、必要に応じて拡張することができる。

これらのホスティングサービスを利用すれば自らサーバ構築を行う必要はない。また、ウェブ調査に必要なサーバサイドのアプリケーションが最初からインストールされ、すぐに使える状態になっていることもある。ただし、契約するサーバの処理能力次第で、同時にアクセスできる回答者数が限定されることもあるため、ネットワーク帯域や同時アクセス数をあらかじめ確認しておく必要がある。さらに、ホスティングサービスを利用した場合、ウェブサーバのドメインネームは重要である。ドメインネームは、調査の主体となる組織を示す証明にもなる。なお、「ホスト名.nara-u.ac.jp」のように、日本国内の高等教育機関や学校法人などのドメインネームにはac.jpが付くのが一般的である。

(2) SSL/TLS暗号化通信

インターネットにおいては、ウェブ調査を実装しているウェブサーバと回答者の端末との間で、いくつもの中継器を経由してデータの送受信を行っている。そのため、通信途中でデータの盗聴が行われる危険性が常にある。このため、一般的には、ウェブサーバと端末の間で暗号化通信を行っており、暗号化通信には、暗号化して送受信するプロトコルSSL（Secure Sockets Layer）／TLS（Transport Layer Security）が使われている。SSLは、バージョン3.0まで開発されたが、その後、SSL3.0をベ

ースに TLS1.0 が定められ、以降 TLS が使われるようになっているが、それまでに SSL が一般的に使われていたことから、TLS を含めて「SSL」と呼ばれているか、もしくは SSL/TLS と併記されている。

　ウェブサーバと端末間で SSL/TLS を用いた暗号化通信を行うためには、ウェブサーバに対するサーバ証明書が必要である。サーバ証明書は、信頼できる認証局（第三者機関）が、サイトの運営組織が実在しドメイン名の使用権があることを証明するものである。証明書には有効期限があり、期限が切れた場合には更新が必要である。ホスティングサービスの利用や自身で構築したウェブサーバで運用する場合でも、暗号化通信を行うためにはサーバ証明書が必要であり、サーバ証明書には有償版と無償版がある。なお、有効期限は両者で異なり、一般的には、有償版は約 13 ヶ月、無償版には 90 日間のものがある。

(3) ウェブ調査の実装に必要なソフトウェア
　ウェブ調査を実施する上で、サーバ上に最低限必要なものは、ウェブサーバソフトウェア、データベースサーバソフトウェア、そしてバックエンド処理（ユーザーから見えない部分でデータの処理や管理を行う処理）をするためのソフトウェアである。ホスティングサービスで利用するサーバの OS には、UNIX・Linux 系、Windows 系があるが、UNIX・Linux 系には、有償の Red Hat Enterprise Linux（RHEL）、RHEL のクローン（廉価版）OS である Alma Linux、Rocky Linux、CentOS Stream などがある。なお、RHEL 互換 OS である CentOS7 や CentOS8 はすでにサポート期限が過ぎ、CentOS9 がリリースされないため、他の OS に切り替える必要がある。

　ホスティングサービスを利用する場合、上述したようなソフトウェア一式（ウェブサーバソフトウェア、データベースサーバソフトウェア、バックエンド処理用ソフトウェア）は標準でインストールされているが、それらには複数の種類がある。ホスティングサービスを利用するときに、どのようなソフトウェアが利用可能かを事前に調べておき、実施するウェブ調査にとって最適なホスティングサービスを選ぶ必要がある。

ウェブサーバソフトウェアには、Apache HTTP サーバや Nginx がある。Apache HTTP サーバは、Nginx と同じくオープンソースソフトウェア（OSS）であり、バージョンアップが繰り返され信頼性も高いが、接続ごとにプロセスをフォーク（実行しているプロセスが自らの複製を生成して新たなプロセスとして起動）するため、メモリ消費が激しい。Nginx は、一般的には高速で動作しかつ高負荷に強く、大容量のデータ配信や大量の同時接続に耐えることを目的に設計されており、Apache HTTP サーバで起きる C10K 問題（同時接続数が 1 万を超えるとサーバのリソースが不足する問題）を防いでいる。このような違いがあるものの、一般的なウェブ調査を行う上では、同時接続数が 1 万を超えることもないため、Apache HTTP サーバ、Nginx のどちらでも問題なく利用できる。

　データベースサーバソフトウェアの代表的な OSS は MySQL、PostgreSQL である。MySQL はリレーショナルデータベース管理システム（RDBMS）であるのに対して、PostgreSQL はオブジェクトリレーショナルデータベース管理システム（ORDBMS）であり、設計思想が異なる。RDBMS はデータが表の形式でデータベースに格納されており、データ構造はシンプルである。一方、ORDBMS は、プログラミング言語のようにオブジェクト指向を取り入れたものであり、データやそのデータの処理方法をオブジェクトとしてデータベースに格納するため、複雑なデータ構造を高速に処理することが可能である。このため、動画、画像、音声といったマルチメディアデータを管理するには ORDBMS が適している。ウェブ調査を実施する上では、マルチメディアデータを扱わない限り、複雑なデータ構造を扱う必要もないことから、RDBMS である MySQL で十分である。

　バックエンド処理で使用するソフトウェア（プログラミング言語）は、ユーザの認証処理、画面の動的な生成、回答など必要な情報をデータベースに格納するなどの処理を行うものである。ホスティングサービスでは、Perl、PHP、Ruby、Python などのスクリプト言語が利用できるものが多く、いずれの言語でもウェブ調査の実装が可能である。これらの言語は、JavaScript のようにアクセスする端末のウェブブラウザで実行

するものではなく、サーバサイドで実行されるため、アクセスする端末の機種やウェブブラウザに依存しない。Perl、PHP、Ruby、Python は、インタプリタ方式（プログラムを 1 行ずつ読んで機械語に翻訳処理して実行するもの）である。しかし、この方式は、コンパイラ（プログラムを機械語に翻訳し、実行するもの）方式よりも比較的処理速度が遅い。

　現在、多くのウェブアプリケーションが世の中にあるが、これらのアプリケーションの開発に最も利用されている言語は Java である。Java はインタプリタ方式とコンパイラ方式の中間的な位置づけであり、Java 仮想マシンの機械語に翻訳され、仮想マシン上で実行されるため、仮想マシンがあれば OS の種類を問わず実行することができる。一方、コンパイラ方式は、OS が異なれば再コンパイルする（再度、機械語に翻訳しなおす）必要がある。インタプリタ方式は、コンパイラ方式よりも処理速度が遅いが、OS を問わず実行することができ、端末側で開発環境を構築する必要はない。端末側で、汎用的なテキストエディタを用いてプログラムのソースコードを作成し、それをウェブサーバに転送して実行する。端末側には、汎用エディタとファイル転送用ソフトウェアをインストールするだけで済むため、開発がしやすい言語である。汎用エディタとしては、Microsoft 社から無償で提供されている Visual Studio Code がよく利用されている。このエディタは多くのプログラミング言語、および Windows や UNIX・Linux 系、macOS などの OS に対応している。

　ウェブサーバへのファイル転送は、ホスティングサービス内の管理画面から行えるものもある。また、一般的にはファイル転送を行うプロトコルである FTP（File Transfer Protocol）や SFTP（Secure File Transfer Protocol）、FTPS（File Transfer Protocol over SSL/TLS）が利用できる。FTP は、端末とサーバ間でのファイル転送を行うプロトコルであるが、SFTP や FTPS は端末とサーバ間の通信が暗号化されるため、FTP よりも安全性が高い。端末から SFTP を用いてサーバ側にファイルを転送する場合は、あらかじめ、公開鍵と秘密鍵を端末側で生成し、公開鍵はサーバ側に転送しておく必要があり、これらの鍵を使って暗号化と復号を行うことで、安全にデータを転送することができる。FTP は暗号化されずに通信され

るため、公開鍵と秘密鍵の生成や鍵の設定は必要ない。多くのファイル転送ソフトウェアは、FTP/SFTP/FTPS のいずれにも対応しているが、その1つにフリーソフトウェアである FileZilla がある。FileZilla は、Windows 系、UNIX・Linux 系、macOS のマルチプラットフォーム対応である。

　本章では、バックエンド処理を行うインタプリタ言語として、PHP（Hypertext Preprocessor）を利用する。PHP は、多くのウェブアプリケーションの開発でも使われており、HTML 言語内に埋め込んで利用することもでき、HTML との親和性が高い。PHP は、コンテンツ管理システム（CMS）の代表的な OSS の1つである Wordpress や Movable Type の開発にも使われている。さらに、プログラミング初心者にも学習しやすく、ドキュメントが豊富である。ただし、メジャーアップデートするたびに関数仕様の変更があるため、これまで利用していた関数が利用できなくなる可能性があり、メジャーアップデートを適用する際は、使用している関数がアップデート後も使えるかどうかの確認が必要である。

　以上を踏まえ、ホスティングサービス上でウェブ調査を実施する方法を紹介する。用意した環境は以下のとおりである。自らサーバ管理をする必要がない共有サーバを想定し、外部からのリモートログインができないようにしていることを前提とする。このため、データベース（MySQL）の操作は、ホスティングサービスで一般的に利用されている phpMyAdmin を使って、ウェブブラウザ上から行うことにする。

- ホスティングサービス：共有ホスティング
- vCPU ／メモリ：1vCPU/1GB
- OS：RHEL 8 互換
- データベースソフトウェア：MySQL5.7
- バックエンド用ソフトウェア：php 8.2.3
- PDO Driver for MySQL：mysqlnd 8.2.3
- ウェブベースのデータベース管理ソフトウェア：phpMyAdmin 4.9.10
- ウェブサーバソフトウェア：Apache 2 系

3 ウェブ調査のためのQRコード、ユーザID／パスワードの発行

（1）ウェブ調査のURLをQRコード化

　第5章でも触れたが、回答画面を示すアドレス（URL）は、近年、スマートフォンからの利用が多いため、依頼文とともにURLを示すQR（Quick Response）コードを添付することが多くなった。QRコードは、1994年に日本の株式会社デンソーウェーブが開発し、特許は保有しているものの、権利行使はしなかったため全世界で普及し、単にウェブサイトのアドレスに使われるだけではなく、様々な情報、たとえば最近では支払いの決済までできるようになった。ウェブ調査でもスマートフォンからのアクセスがほとんどのため、ウェブ調査のアドレスを平文での表記とQRコードの両方を調査依頼文に載せることが一般的である。ただし、QRコードを作成する際には、以下のようなことに注意する必要がある。

- 小さすぎると回答者のスマートフォンのカメラで読み取れない可能性があるため、ある程度の大きさで表示する。
- QRコードが複数ある場合、それらが近づき過ぎていると読み取りにくいため、一定の間隔を設けて表示する。
- QRコードの余白をカットしたり、色を薄くしない。また、拡大・縮小した際には縦横比が変わらないようにする。
- QRコードを生成するサイトはウェブ上に様々あるが、それらの無料作成サイトを使って生成した場合、入力したURLが作成サイト側に残る可能性がある。URLを秘匿したい場合、それらの無料作成サイトではなく、OSSであるPHP QR Code[1]を利用すれば、PHPが動作するホスティングサービス上でQRコードを発行することができる。

---

[1] PHP QR Code：https://sourceforge.net/projects/phpqrcode/files/

(2) ユーザ ID とパスワードの発行

　回答者に発行するユーザ ID およびパスワードを作成する際には注意が必要である。ここでは、一般的にユーザ ID と呼ばれているものを「第 1 パスワード」、パスワードを「第 2 パスワード」と呼ぶことにする。第 1 パスワードは連続した番号で発行することが多いため、匿名性は保証しているものの、第 1 パスワードと回答者が紐付けられている懸念がもたれる可能性がある。そのため、第 1 パスワードもランダムな文字列にして、自身が何番目なのかの推測を避けるという方法もある。

　なお、単純なパスワードの場合、簡単に推測される恐れがあるため、数字、アルファベットおよび記号を組み合わせて推測されづらくする必要がある。一方で、数字の「1」とアルファベットＬの小文字「l」、また数字の「0」と大文字の「O」、小文字の「o」などは、入力ミスを防止する観点から使用を避けたほうがよい。そのため、第 1 パスワードや第 2 パスワードに使える数字とアルファベットは、データをエンコードするための符号化方式の一つである Base58 で使用されている文字の種類とし、以下に示す文字列の中からランダムに文字を選択する。文字の長さが長くなればなるほど安全性も高いが、入力に手間取ることも想定して 8 桁程度で設定する。

12345678ABCDEFGHJKLMNPQRSTUVWXYZabcdefghijkmnprstuvwxyz

　なお、第 1・第 2 パスワードをそのままデータベースに格納すると、情報漏洩のリスクが生じる。そのため、少なくとも第 2 パスワードはハッシュ関数を用いて、別の値に変換したものをデータベースに格納しておくことが望ましい。ハッシュ関数とは、ある任意のデータ（ここではパスワード）を規則性のない固定長のハッシュ値に変換するものであり、電子署名や仮想通貨にも使われている技術である。ハッシュ関数は、同じデータであれば同じハッシュ値に変換され、1 文字でも異なると同じハッシュ値にはならない。また、変換されたハッシュ値から元の文字列を復元することができない不可逆性の特徴を持っているため、データベ

ースに格納されているハッシュ値が漏洩したとしても、そこから元のパスワードを復元することができない。ここでは、入力された文字列をPHPを使ってハッシュ値に変換する方法について紹介する。

　PHPで実装されているハッシュ関数は、MD5、SHA-1、SHA-2、SHA-3の4つがある。ただし、MD5（Message Digest Algorithm 5）は脆弱性が見つかっている古いハッシュ関数であるため、セキュリティ上使用しないほうがよい。またSHA-1（Secure Hash Algorithm1）は160ビットのハッシュ値を生成できるが、これもMD5と同様に脆弱性が見つかっているため、使用しないほうがよい。

　SHA-2は、SHA-1から改良されたものであり、SHA-224、SHA-256、SHA-384、SHA-512がある。SHA-の後にある数字はビット長を表し、224ビット、256ビット、384ビット、512ビットの4種類がある。その他に、SHA-512/224、SHA-512/256があり、これは512ビットのハッシュ値から224ビットや256ビットに切り詰めているものである。512ビットのハッシュ値を生成できるSHA-512がもっとも安全性が高い。一般的にはSHA-256が用いられている。

　SHA-3は、現時点で最新のハッシュ関数であり、224ビット、256ビット、384ビット、512ビットの固定長と、可変長として生成時に任意の長さを指定できるSHAKE128、SHAKE256があり、今後、SHA-3の利用が広まっていくことが予想される。本書での実装では、SHA-3で256ビットの固定長のハッシュ値を利用することにする。

4　画面設計

(1) ウェブ調査の設計

　第5章で説明したとおり、Google Formsでは、回答形式は「ラジオボタン（択一式）」「プルダウン」「チェックボックス（複数回答式）」「グリッド」「均等目盛」「自由記述」などがある。このうちグリッドは、スマートフォンで表示させた場合、画面をスクロールする必要があるため、択一式もしくは複数回答式に分割したほうが回答しやすい。その場合は

1画面に1質問となるが、それに対応するHTMLファイルを1つずつ用意すると質問の数だけHTMLファイルを作成する必要があり、管理や修正が非常に煩わしい。そこで、以下の設計方針に従い、これらの問題を改善させる。

- 回答形式の分類
- 質問項目を管理
- 1画面につき1つの質問文と選択肢を設定
- 画面サイズを4インチ以上から対応
- フォワード構造の定義

まず、回答形式の分類については、「タイプA＝択一式型」、「タイプB＝複数選択式型」、「タイプC＝数値入力型」、「タイプD＝記述式型」、「タイプE＝タイプAでその他入力項目があるもの」の5つを設定する。また、質問項目のデータ構造は、番号（質問順番）、質問文、回答形式（A～D）、選択肢（タイプC、D以外）の分類とする。なお、タイプCとタイプDは、1つにまとめることも可能であるが、数値入力とテキスト入力を区別している。年齢や居住年数を尋ねるために「おおよそ」や「歳」「年」などの数値入力の際に表示することもあるため、タイプCの前に「おおよそ」や後に単位である「歳」「年」などをつけ、タイプCで数値入力することで、全角数字、半角数字、漢数字が混じることを防いでいる。タイプDは、数値入力を伴わない自由記述で利用するものである。

(2) フォワード構造の定義

ウェブ調査の質問紙では、選択した回答に応じて質問をスキップすること（回答分岐）がしばしばある。どの質問でどの番号を選択した場合にどの質問へ遷移するかを記述したフォワード構造（**表6-1**）を定義しておく必要がある。

ここで実装する質問紙（9つの質問を設定）の例（158頁の**図6-7**）では、

表 6-1　フォワード構造

質問番号	回答番号	スキップ先の質問番号
2	2	6
4	3	7
	4	7
	5	7
5	1	7
	2	7
	3	7
	4	7
	5	7

質問2で「2.使わない」を選択した場合には質問6に進む。また、質問4で「3.あまりそう思わない」「4.そう思わない」「5.わからない」を選択した場合には質問7に進む。質問5では、どの選択肢を選択しても質問7に進む。なお、**表6-1**に質問番号の項目に番号がないものや、スキップ先の質問番号の項目に番号がないものは、次の質問に進む。

　画面が1つ前に戻る場合にも、フォワード構造を利用する。たとえば、質問6の画面で、1つ前に戻る場合には、質問2の回答番号を照合し、質問2で回答番号2であれば、質問2に戻る。今回の例では、質問6は、質問2で回答番号2を回答していなければ表示されない質問である。また、質問7の画面で1つ前に戻る場合には、質問5の回答番号を照合し、回答していれば質問5に戻る。質問4で、回答番号3、4、5のいずれかを回答していれば質問4に戻る。それ以外は1つ前の質問6に戻る。

(3) ウェブアンケートモデルの定義

　質問紙の作成に際し、容易に質問の追加や修正などを行えるようにするため、**図6-1**に示すように、機能別に複数のモデルを定義しておき、モデル間でデータの受け渡しを行えるようにするとよい。

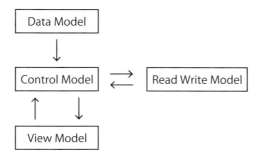

図6-1　ウェブアンケートモデル

- Data Model
  質問番号、回答形式の分類（タイプA〜E）、選択肢（タイプC、D以外）、フォワード構造を定義したもの。
- Control Model
  質問番号の管理、回答形式の判定など、他のモデルとのデータのやり取りやユーザ認証を行うもの。
- View Model
  ラジオボタンやチェックボックスなどにより画面を表示するもの。
- Read Write Model
  データベースに回答結果を書き込んだり、データベースから回答結果を読み取ったりしたりするもの。

(4) 画面設計

　スマートフォンによる回答を想定した場合、画面を頻繁にスクロールさせると質問文や選択肢が見づらくなることから、できるだけ1画面に1質問文のみを割り当てるのが妥当である。また、グリッド形式での回答も同様に、質問を分けて1画面ごとに表示するほうがよい。回答者の画面が小さく、ラジオボタンやチェックボックスの選択も難しい場合があるので、ラジオボタンやチェックボックスだけでなく、選択肢そのものをクリック（もしくはタップ）することで選択できるようにしておく

と、ミスの軽減につながる。これは、すでに Google Forms では実装されている。また、選択すると選択肢の色が変わるようにしておくほうが、視覚的にも選択が選択されていることが明示されるため、選択ミスの軽減にもなる。

　さらに、グリッド回答形式を複数の質問に分割すると、共通する質問文の部分とそれぞれ異なる質問文の部分とが一緒に表示され、選択肢も同じであるため、同じ質問と勘違いされやすい。そのため、次の質問に遷移していないと勘違いされ、質問をスキップされてしまう可能性がある。それを避けるために、文字の色を変えて違う質問であることがわかるように工夫している。

　以下、画面設計の具体的な実装に関して説明していくが、ここから先は HTML の基本的な知識を前提とすることをお断りしておく。

　まず回答画面については、HTML のラジオボタン、チェックボックス、テキストフォーム（記述式）、テキストエリア（段落）を用いた。数値入力が必要な場合（0 から始まるもの以外）は、全角数字や漢数字が入力されないように、<input type="number"> を用いている。画面デザインは、CSS（Cascading Style Sheets）を用いた。なお、JavaScript を使えば、端末の情報などをさらに取得することができるが、JavaScript は、ウェブブラウザ上で解釈されるため、使用しているウェブブラウザによって、挙動が異なる場合がある。このため、JavaScript は用いず極力ウェブブラウザ依存がないように実装している。

　一例として、HTML のラジオボタンを使って、択一式の質問項目を設計してみる。まずは、HTML のみで**図 6-2** のように記述し、これをパソコンとスマートフォンで表示させると**図 6-3** のようになる。スマートフォンでは画面が小さいため、文字が見づらく、また、選択肢や「戻る」「次へ」のボタンも選択しにくいことがわかる。そこで、**図 6-2** の HTML に CSS を適用し、パソコンでもスマートフォンでも 1 つの HTML ファイルで、スマートフォン、タブレット、パソコンなど異なる画面の幅を基準にして表示するレスポンシブウェブデザインを実装する。その際、回答選択時にはラジオボタンのみならず、選択肢も選択できるように

```
1 <html>
2 <head>
3       <meta http-equiv="Content-type" content="text/html; charset=UTF-8">
4       <title> 択一回答（ラジオボタン）の例 </title>
5 </head>
6 <body>
7       <p> 設問 3　LINE や Instagram、X などの SNS をどれぐらいしますか。</p>
8       <p><input type="radio" name="q1" value="1"> 毎日する </p>
9       <p><input type="radio" name="q1" value="2"> よくする </p>
10      <p><input type="radio" name="q1" value="3"> たまにする </p>
11      <p><input type="radio" name="q1" value="4"> ほとんどしない </p>
12      <p><input type="radio" name="q1" value="5"> しない </p>
13      <br>
14      <button type="submit" name="prvbtn"> 戻る </button>
15      <button type="submit" name="nxtbtn"> 次へ </button>
16</body>
17</html>
```

図 6-2　択一回答の例

して、選択した回答が明確にわかるように色を変更する。また、次の質問に進む、もしくは、前の質問に戻るときに、ボタン上にカーソルや指が触れると、色が変わるようにしており、ボタンが押されたことを明示している。

以上を反映した**図 6-4** は、**図 6-2** に以下のような変更を加えたものである。

- 4 行目：<meta name="viewport" content="width=device-width,initial-scale=1"> は、meta 要素の name 属性として viewport、content 属性に width=device-width,initial-scale を設定している。viewport は、スマートフォンなどの画面が小さい端末では、仮想的に広い画面を生成し、それを縮小表示させるものであり、スマートフォンなどのモバイル端末に画面が最適化されていない場合には有効な方法である。width=device-width は、表示領域の横幅を端末画面の横幅に合わせるという設定である。initial-scale は最初にページを読み込んだときの表示倍率を表しており、これを 1 倍に設定している。

- 6 行目：ラジオボタンの配置やボタンの装飾、文字の大きさなどを

（a）パソコンでの表示

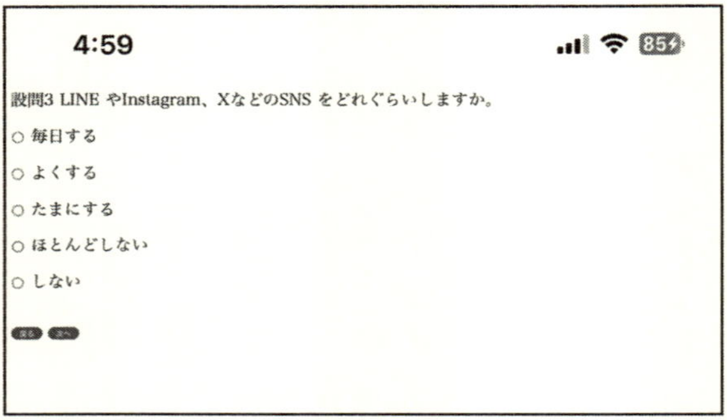

（b）スマートフォンでの表示

図 6-3　図 6-2 の HTML をパソコンとスマートフォンで表示

変更するために、外部の CSS ファイル（ファイル名 style.css）（図 6-5）を読み込んでいる。

- 11 行目・12 行目：ラジオボタンだけでなく、選択肢をクリック（もしくはタップ）しても選択できるように、label タグを使って選択肢を囲み、ラベルの範囲を id で指定している。id は、重複したものは利用できないため、選択肢ごとに、1 から 5 までの id を割り振っている。以降、14 行目以降、他の選択肢も同様に label タグを使用している。

```
 1 <html>
 2 <head>
 3    <meta http-equiv="Content-type" content="text/html; charset=UTF-8">
 4    <meta name="viewport" content="width=device-width,initial-scale=1">
 5    <title> 択一回答（ラジオボタン）の例 </title>
 6    <link rel="stylesheet" type="text/css" href="style.css">
 7 </head>
 8 <body>
 9    <p> 設問 3　LINE や Instagram、X などの SNS をどれぐらいしますか。</p>
10
11    <p><input type="radio" name="q1" id="1" value="1">
12    <label for="1"> 毎日する </label></p>
13
14    <p><input type="radio" name="q1" id="2" value="2">
15    <label for="2"> よくする </label></p>
16
17    <p><input type="radio" name="q1" id="3" value="3">
18    <label for="3"> たまにする </label></p>
19
20    <p><input type="radio" name="q1" id="4" value="4">
21    <label for="4"> ほとんどしない </label></p>
22
23    <p><input type="radio" name="q1" id="5" value="5">
24    <label for="5"> しない </label></p>
25    <br>
26    <button type="submit" name="prvbtn" class="sbt1"> 戻る </button>
27    <button type="submit" name="nxtbtn" class="sbt2"> 次へ </button>
28
29 </body>
30 </html>
```

図 6-4　択一回答の例（レスポンシブウェブデザイン）

・26 行目・27 行目：ボタンの装飾を CSS で行うため、それぞれクラス名 "sbt1"、"sbt2" を付けている。

　レスポンシブウェブデザインにすることでパソコン、スマートフォンでも見た目が同じで、図 6-3 と比べて図 6-6 のほうが見やすい表示になっていることがわかる。

　なお、HTML や CSS はあくまで表示するためのものであり、いわばフロントエンドの役割にすぎない。選択された回答をデータベースに格納する処理などは、別にバックエンドで処理する必要がある。

```css
1  @charset "UTF-8";
2  /*「戻る」ボタンの大きさ、色、余白、文字サイズ、文字の位置などの指定 */
3  .sbt1{
4      margin: 0px 15px 0px;
5      width:120px;
6      height:50px;
7      background-color:#ffb400;
8      border:none;
9      color:#fff;
10     font-size:20px;
11     font-weight:700;
12     text-align:center;
13 }
14 /* ボタンにカーソルが入ったら色を変化 */
15 .sbt1:hover{
16     background-color:#8E4E0F;
17     color:#fff;
18 }
19 /*「次へ」ボタンの大きさ、色、余白、文字サイズ、文字の位置などの指定 */
20 .sbt2{
21     margin: 0x 15px 0px;
22     width:120px;
23     height:50px;
24     background-color:#1DB94B;
25     border:none;
26     color:#fff;
27     font-size:20px;
28     font-weight:700;
29     text-align:center;
30 }
31 /* ボタンにカーソルが入ったら色を変化 */
32 .sbt2:hover{
33     background-color:#005D07;
34     color:#fff;
35 }
36 /* ラジオボタンの位置・大きさ */
37 input[type=radio]{
38     -webkit-transform: scale(1.5);
39     transform: scale(1.5);
40     margin-right: 2.0em;
41     float: left;
42     clear: left;
43     top: 12px;
44     left: 15px;
45     position: relative;
46 }
47 /* label 要素のサイズを設定 */
48 label {
49     display: block;
50     margin: 15px;
51     padding: 10px;
52     text-align: left;
53 }
54 /* 選択された回答に色を付ける */
55 input[type=radio]:checked + label {
56     color: red;
57 }
58 /* 文字フォント指定 */
59 body {
60     font-family: sans-serif ;
61 }
```

図 6-5　CSS の例

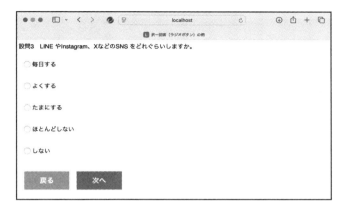

(a) パソコンでの表示

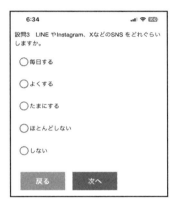

(b) スマートフォンでの表示

図 6-6　レシポンシブウェブデザインによるパソコンとスマートフォンで表示

5　ウェブ調査の実装におけるセキュリティ問題

　本節では、ウェブ調査の実装に際して避けることのできないセキュリティ問題を取り上げる。以下では代表的な問題として、Cookieを使用する際のリスク、およびクロスサイトスクリプティング（XSS）について解説する。

（1）セッションとCookieの関係、セッションジャックの問題

　スマートフォンに対応するために1画面につき1質問で設計する場合、問題になるのが、画面が遷移する際にどのように回答者の情報を引き継ぐかである。一般的に、このような場合にはセッションという仕組みを利用する。セッションとは、アクセスの開始から終了までの一連の通信のことを示す。なおセキュリティの観点から、本実装では、回答者の側で何らかの操作が行われない状態で一定時間（任意に設定できるが、30分程度に設定）経過すれば、タイムアウトしてセッションが終了するように実装している。

　以下では、第1パスワード、第2パスワードが必要なウェブサイトにアクセスした場合、端末とウェブサーバ間の通信で使われるセッションの仕組みについて説明する。

　①回答者の端末からウェブサーバに接続を要求し、回答者は第1パスワード、第2パスワードを入力する。その際に、後述するCookie（クッキー）を自動生成し、端末に返答を返す。その際にアクセスしてきた第1パスワードとセッションIDを紐づける。

　②回答者の端末からウェブサーバに接続を再要求し、ブラウザ内に保存されているCookie内の情報をウェブサーバに送信する。

　③ウェブサーバ側で端末から受け取ったCookie内の情報と、現在アクセスしているウェブサイトのセッションIDが合致しているかを照合し、回答者が同一かどうかを判定する。

　このようにして、回答者の端末とウェブサーバ間でセッション管理を

行い、②③を繰り返すことで、同一の第1パスワードであれば、画面が遷移しても同一の回答者とみなし、画面を移動するたびに第1パスワード、第2パスワードを入力する必要がなくなる。その役割を果たしているCookieとは、利用者がウェブサイトに入力したユーザ名やパスワード、ECサイト（インターネット上で商品を販売するウェブサイト）の場合には買いものかごに入れた商品情報などの、端末側のウェブブラウザに保存されるデータのことである。通常、Cookieを利用することで、2回目以降ウェブサイトにアクセスしたときに、ログインIDやパスワードを入力する手間が省ける。一方で、Cookieは、ユーザの行動を追跡してデータを収集するためにも利用されており、ECサイトなどでは、Cookieで得られたデータに基づき、利用者に適した商品の提供や広告表示が行われることが多い。この行為は個人のプライバシーを侵害する可能性もあるため、近年はCookieの利用への規制が強くなり、現在、Cookieを利用したサイトの多くは、閲覧の際に「Cookieの使用についての同意」を求めるポップアップウィンドウが表示されるようになってきた。

　特にログインなどの情報を残す必要がなければ、「Cookieの使用についての同意」に従わなくてもページを閲覧することは可能だが、ここで想定しているような画面の遷移を伴うウェブサイトの場合、画面ごとに回答者を同一であるとみなす必要があるため、Cookieが必要不可欠である。他方、Cookieを用いずに同一の利用者とみなす方法もある。それには、URLのパラメータにセッションIDを渡す方法（たとえば、https://xxx.xxx.xx/page.php?id=13145 などのように、表示するページのURLの後に変数=値を入れることができる）があるが、悪意のある第三者がそのURLを不正に入手し、利用者になりすましてアクセスされてしまう可能性がある。

　Cookieの利用有無に限らず、セッションIDを不正な手段で入手し、利用者になりすます行為を「セッションハイジャック」と呼ぶ。このため、セッションIDをURLのパラメータに含めず、セッションIDは乱数などを用いて推測できないようにしたりする必要がある。また、ログ

イン成功時にはセッション ID を再発行し、既存のセッション ID を破棄することで、悪意のある第三者が事前に入手したセッション ID を利用できなくする方法もある。

(2) クロスサイトスクリプティングの問題

クロスサイトスクリプティング（XSS）とは、利用者がウェブにアクセスしたとき、表示内容が動的に生成されるウェブページの脆弱性、もしくは脆弱性を利用した攻撃である。具体的には、動的にウェブページを表示する際、悪意のある第三者がウェブページに任意のスクリプトを書き込み、それが利用者のブラウザで実行されることにより、利用者を偽画面に誘導させたり、利用者のブラウザが保存している Cookie を取得したり、任意の Cookie を勝手に利用者のブラウザに保存したりするものである。本章に即していえば、ウェブ調査の回答入力でテキストフォームがある場合、そこに任意のスクリプトを書き込まれる恐れがある。

このため、ウェブ調査で自由回答やなんらかの入力を回答者に促すときに利用するテキストフォームでは、任意の HTML コードは入力できなくしたほうがよい。すなわち、回答者が入力した内容をそのまま表示せず、HTML タグやスクリプトとして動作する文字列を無効にするエスケープ処理を行う必要がある。つまりテキストフォーム上で、特別な意味を持つ文字である「<」、「>」、「&」などはそのまま表示せず、ブラウザでこれらの文字を表示させる記号に置き換える処理がエスケープ処理である。たとえば、「<」は「<」、「>」は「>」、「&」は「$amp;」に置換することで、不正なスクリプトを埋め込もうとしても、それが動作しないように無効化することができる。

また、テキストフォームで年齢などの数値を入力する場合には、関係ない文字を入力できないように、数値のみ入力できるように制限をかけておく必要もある。さらに、このような不正な攻撃を検知・防御する Web Application Firewall（WAF）は、ホスティングサービスでも提供されているため、WAF が利用できるサービスを契約することも有効である。

6　データベースの構造とセキュリティ

(1) データベースの構造

　ウェブ調査を実施する際にはデータベースに格納するためのテーブル構造を定義する必要がある。本書では、テーブル構造の例を示すが、ウェブ調査の回答形式や質問数によってテーブル構造は変わるので、注意が必要である。なお、データベースの操作方法については、多くのドキュメントが公開されているため割愛する。本書では、簡易な実装を示すために、**図 6-7** のように質問文は 9 つに設定し、「タイプ A: 択一式型、タイプ B: 複数選択式型、タイプ C: 数値入力型、タイプ D: 記述式型、タイプ E: タイプ A ＋その他入力項目があるもの」の回答形式で質問紙を作成する。

　質問 2、4、5 はタイプ A、質問 3 はタイプ B、質問 1、8 はタイプ C、質問 9 はタイプ D、質問 6、7 はタイプ E である。

　上記の質問紙に対応するデータベースの設計を行う。データベース名は webdb とする。テーブルは、ユーザのパスワードを格納する user テーブル、ログ情報を格納する log テーブル、回答を格納する answer テーブル、回答時間を格納する time テーブルの 4 つで構成する（**図 6-8**）。

　user テーブルの userid カラムではユーザ ID（第 1 パスワード）を password カラムでは第 2 パスワードを格納するが、第 2 パスワードは、ハッシュ値に変換したものを格納する。データ型は、ユーザ ID は 8 文字の英数文字であるため、varchar(8) としている。第 2 パスワードは英数文字を 64 文字使っているので、varchar(64) となる。これによって、データベースが漏洩した場合でも、パスワード自体は推測できないので、セキュリティが向上する。log テーブルには、他のテーブルと関連づけする必要があるため、userid カラムではユーザ ID（第 1 パスワード）を、login_time カラムではログインした時間を、logout_time カラムではログアウトした時間を、browser カラムでは使用しているブラウザの情報を格納する。

(1) あなたの年齢は何歳ですか。
　　＿＿＿＿＿歳
(2) 仕事でもプライベートでも、SNS を含めて、あなたはインターネットを使いますか？　いずれかの回答をしないと次の質問には進めません。
　　　1. 使う
　　　2. 使わない　→　(6)
(3) あなたがインターネットを使っていて、不安に思うことはなんですか。次の中から、あてはまるものをいくつでも選んでください。
　　　1. クレジットカード番号や銀行の口座番号が流出すること
　　　2. 詐欺メールなどで金品をだましとられること
　　　3. 顔写真が流出して勝手に使われること
　　　4. 自宅が特定されて子供や家族が危険な目にあうこと
　　　5. SNS やブログで誹謗中傷やいじめを受けること
　　　6. なんとなく不安がある
(4) 「ネット依存」という言葉があります。あなたは、自分で自分のことを「ネット依存」だと思いますか、それとも、そう思いませんか。
　　　1. そう思う
　　　2. どちらかというとそう思う
　　　3. あまりそう思わない　→　(7)
　　　4. そう思わない　→　(7)
　　　5. わからない　→　(7)
(5) SNS（LINE や Instagram、X）をどれくらいしますか。回答後、質問 (7) に進む。
　　　1. 毎日する
　　　2. よくする
　　　3. たまにする
　　　4. ほとんどしない
　　　5. しない

図 6-7　実装する質問紙の例

(6) インターネットを使わない理由は何ですか。
    1. PC やスマートフォンなどの端末を持っていない
    2. インターネットに加入していない
    3. 普段の生活で必要性を感じない
    4. その他 ＿＿＿＿＿＿

(7) あなたのお仕事（学生・生徒の場合は、学生・生徒を選択）は、次のどれにあたりますか。
    1. 学生・生徒（高校生、大学生、通信教育を含む）
    2. 建設・設備関係（電気水道ガスを含む）
    3. 製造業
    4. 流通・小売り（自動車販売スーパー・コンビニなど）
    5. 運輸・郵便・配送関係（タクシー・鉄道・宅配など）
    6. 金融・保険不動産関係
    7. 公務（市町村役所・警察・自衛隊を含む）
    8. 学校・教育関係
    9. 医療・福祉関係
    10. 飲食店旅行関係・ホテル
    11. その他のサービス業（スポーツクラブ映画館・美容院など）
    12. その他 ＿＿＿＿＿＿

(8) 現在の生活満足度は何 % ですか？
    おおおそ ＿＿＿＿＿＿ ％

(9) では、(8) で回答された満足度に対して、その根拠を以下に記入してください。

user テーブル

カラム名	データ型
userid	varchar(8)
password	varchar(64)

log テーブル

カラム名	データ型
userid	varchar(8)
login_time	varchar(15)
logout_time	varchar(15)
browser	text

answer テーブル

カラム名	データ型
userid	varchar(8)
q1	varchar(3)
q2	varchar(3)
q3_1	varchar(3)
q3_2	varchar(3)
q3_3	varchar(3)
q3_4	varchar(3)
q3_5	varchar(3)
q3_6	varchar(3)
q4	varchar(3)
q5	varchar(3)
q6	varchar(3)
q6_1	text
q7	varchar(3)
q7_1	text
q8	varchar(3)
q9	text

time テーブル

カラム名	データ型
userid	varchar(8)
q_num	varchar(3)
start	varchar(15)
q1	varchar(15)
q2	varchar(15)
q3	varchar(15)
q4	varchar(15)
q5	varchar(15)
q6	varchar(15)
q4	varchar(15)
q7	varchar(15)
q8	varchar(15)
q9	varchar(15)

図 6-8　データベースのテーブル定義

　時間に関しては、UNIX 時間で格納している。UNIX 時間は、1970 年 1 月 1 日午前 0 時からの経過秒数を表すものであり、マイクロ秒まで取得している。例えば、UNIX 時間「1705010365.9909」は、2024 年 1 月 12 日 06 時 59 分 25.9909 秒を示している。UNIX 時間を使うことで、単純に引き算をすることで、回答時間を求めることができる。UNIX 時間のデータは、数字と小数点を含めると 15 文字あるため、データ型は varchar(15) となる。また、アクセスしたウェブブラウザ情報（UserAgent）は、browser カラムに格納されるが、UserAgent は通常、HTTP や HTTPS プロトコルでアクセスした場合に通信データの中に含まれるヘッダ情報であり、自動的に取得でき アクセス解析などにも使われ

る。なお、UserAgentは文字数が不明であるため、データ型はTEXT型にしている。

　answerテーブルでは、他のテーブルと関連づける必要があるためuseridカラムを定義し、質問1、2が回答数が1つであるためカラム数も1つずつ、そして質問3がタイプB:複数選択式型のため、回答数分のカラム名q3_1からq3_6を定義する。また、質問6、7はタイプE:択一式型＋その他であるため、q6、q6_1、q7、q7_1とし、q6_1とq7_1は、その他に入力された文字を格納する。なお、格納される回答は、数値入力を含めると最大3文字の数字であるため、q1からq9のデータ型はvarchar(3)をとし、q6_1、q7_1は、入力される文字数は不明であるためTEXT型にしている。

　timeテーブルは、他のテーブルと関連づけする必要があるため、useridカラムを定義する。そして、現在の質問番号を逐次格納するためのq_numカラムを設定し、データ型は質問の数が多い場合を想定してvarchar(3)としている。これは、途中で回答が中断した場合、回答者がどこまで回答したのかを把握するためのものである。startカラムは回答開始のボタンをクリック（もしくはタップ）した時間（アンケート開始時間）を格納するものである。回答時間は、画面が次ページに遷移したときのUNIX時間であるため、各質問の時間は、質問数と同じ数で、q1〜q9に格納され、前述したようにデータ型はvarchar(15)となる。

(2) SQLインジェクションの問題

　ウェブ調査では、回答データをデータベースに格納して管理することが一般的で、データベースを操作する言語はSQLと呼び、インジェクションは「注入」と呼ばれる。前述したように、利用者が任意に入力できるテキストフォームがあると、悪意のあるスクリプトを埋め込まれる可能性があるが、同様に、データの閲覧や改ざん、消去などを行う目的で、不正な操作を行うSQL文が入力される恐れがある。このような行為を「SQLインジェクション」と呼ぶ。このような行為への対策の1つとして、SQL文を用いてデータベースにデータを入力する際には、プレ

ースホルダを使うことがある。プレースホルダとは、簡単に説明すると定まった値のみを受け取るように入力を制限することである。プレースホルダに入る値は、悪意のある特殊な記号があったとしても、単なる値としてデータベースに渡されるため、任意のSQL文によるSQLインジェクション攻撃を防ぐことができる。

　また、無効なウェブページを閲覧したとき、ブラウザにエラー情報が表示されることがあるが、このような情報は表示させないほうがよい。エラー情報は、悪意のある第三者にとっては有益な情報であり、攻撃の手がかりを与えてしまう可能性もある。また、ウェブページの画面を遷移させる際に、URLパラメータにSQL文を直接指定していると、それを任意の値に変更され、データベースに不正アクセスされる恐れがある。そのため、URLパラメータにSQL文を指定することは避けるべきである。

7　回答分岐の実装

　本書におけるウェブ調査の実装では、回答分岐（本章の例では、質問2、4、5）に回答しなかった場合、次の質問に進まないようにしている。また、分岐のある質問（質問2、4、5）において、一度回答して、再度、戻って別の回答をすると、それ以降の分岐が発生する手前まで回答がリセットされる。たとえば、本章の例では、最初に質問2において、「使う」と回答した場合、質問3、質問4、質問5を回答するが、再度、質問2に戻り、「使わない」を回答した場合には、質問3、質問4、質問5の回答はリセットされる。また、タイプE（択一型＋その他）の回答では、その他のテキストフォームに文字を入力した場合、「その他」以外を選択していた場合でもそれが解除され自動的に「その他」が選択される。「その他」以外を選択する場合には、テキストフォームの文字を削除する必要がある。本章の例では、質問6と質問7が該当する。

　データベースの作成においては、先に述べたanswerテーブル、timeテーブル、userテーブル、logテーブルの4つを定義する。次に、データベースにユーザID（第1パスワード）とパスワード（第2パスワードを

図 6-9　データベースの書き込み内容

ハッシュ値に変換したもの）を登録する必要がある。

　これらは、phpMyAdmin ツールを利用すれば、ウェブブラウザ上からデータベースを操作することが可能である。たとえば、ユーザ ID（第 1 パスワード）とパスワード（第 2 パスワード）に関しては、csv ファイル形式のものを user テーブルにインポートすることができる。

　本章で実装したウェブ調査を実施すると、データベースの各テーブルに、図 6-9 に示す内容が格納される。なお、これまで述べてきた内容を実際にウェブ画面で表示させると図 6-10 のようになる。

　また、time テーブルから各回答の回答時間を得ることが可能である。たとえば、質問 1 の回答時間を知るには、UNIX 時間を採用しているため、time テーブルの q1 カラムの時間から start カラムの時間を引き算すれば求めることができ、質問 1 の回答時間は 4.379 秒である。同様に、質問 2 の回答時間は、q2 カラムの時間から q1 カラムの時間を引くと 3.371 秒となる。なお、ウェブサーバから回答する端末までのインターネットの経路で遅延が発生するため、回答時間には、インターネットにおける遅延時間も含まれており、目安に過ぎないことに注意する必要がある。

第 6 章　セルフ型ウェブ調査の実装　　163

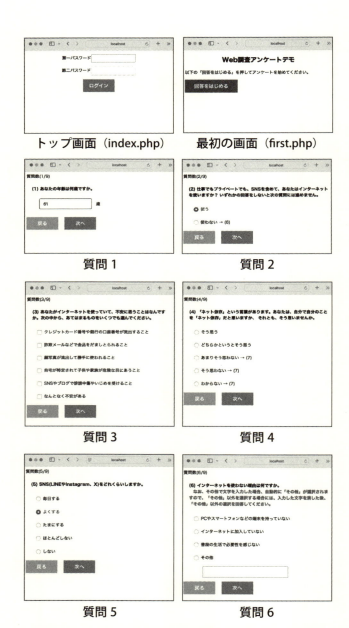

図 6-10　本書で実装したウェブ調査画面の表示一覧

図 6-10 本書で実装したウェブ調査画面の表示一覧（続き）

8 実装に関するまとめ

　ウェブ調査の実装には、ホスティングサービスを利用し、サーバ構築を不要にすることで、構築するためのコストを下げることができるが、ウェブ調査では、セキュリティ対策も重要な課題である。少なくともホ

スティングサービスではWAFが利用できること、また、SSL/TLSプロトコルを用いた通信の暗号化が必要不可欠である。さらに、ウェブ調査の実装に必要なアプリケーションがあらかじめ利用できるかどうかの確認も必要である。

　ウェブ調査の画面設計では、スマートフォン利用が多いことを考慮し、1画面1質問の形式が望ましく、レスポンシブウェブデザインを用いることで、様々なデバイスに応じた最適な表示をすることが望ましい。また、質問のスキップや戻る操作をフォワード構造として定義することで、動的な画面遷移が可能になる。さらに、ウェブアンケートモデルをData Model、Control Model、View Model、Read Write Modelの4つに分け、モデル間でデータの受け渡しをできるようにすることで、拡張性が高くなり、プログラムの管理がしやすくなる。

　実装におけるセキュリティ対策として、Cookieやセッションの利用に伴うリスク管理が必要であり、クロスサイトスクリプティング（XSS）の防止や、SQLインジェクション対策をする必要がある。また、データベース設計は、ウェブ調査に必要なユーザ情報や回答データ、ログデータを格納する構造を適切に定義し、パスワードの安全性を保つためハッシュ化して格納することが望ましい。

　本章では、主にウェブ調査の実装に際して、実装環境、画面設計、ウェブ調査の設計モデル、セキュリティ対策について紹介したが、これらの設計により、ウェブ調査の効率性と安全性を高めることが可能である。なお、本書では、HTML言語とCSSの記述のみに留めたため、PHPプログラムを用いた実装方法までは示すことができなかった。著者（正司）としては、ウェブ調査の具体的な実装内容も取り上げたいところではあるが、紙幅の都合や読者のプログラミング知識を前提としていないことを考慮し、詳細な解説は割愛している。次の機会があれば、PHPを用いた実装方法を含む、より実践的な内容を詳しく取り上げたい。

参考文献一覧

Auspurg, Kartin, & Thomas Hinz. 2014. *Factorial Survey Experiments*. SAGE.
Baker, Reg, Stephen J. Blumberg, J. Michael Brick, Mick P. Couper, Melanie Courtright, J. Michael Dennis, Don Dillman, Martin R. Frankel, Philip Garland, Robert M Groves, Courtney Kennedy, Jon Krosnick, & Paul J. Lavrakas. 2010. AAPOR Report on Online Panels. *Public Opinion Quarterly*, 74(4): 711-781.
Best, Samuel J. & Brian S. Krueger. 2004. *Internet Data Collection*. SAGE University Paper.
Biemer, Paul P. & Lars E. Lyberg. 2003. *Introduction to Survey Quality*. Wiley Inter-Science.
Bowley, A. L. 1915. *The Nature and Purpose of the Measurement of Social Phenomena*. P. S. King & Son, Ltd.
Bradburn, Norman & Seymour Sudman. 2004. The Current Status of Questionnaire Research. Pp.29-40, in *Measurement Errors in Surveys*, edited by Paul P. Biemer et al. Wiley Inter-Science.
Callegaro, Mario, Reg Baker, Jelke Bethlehem, Anja S. Goritz, Jon A. Krosnick & Paul J. Lavrakas eds. 2014. *Online Panel Research: A Data Quality Perspective*. Wiley.
Chapin, F. Stuart. 1920. *Fieldwork and Social Research*. The Century Co.
Coleman, James Samuel. 1966. *Equality of Educational Opportunity*. U.S. Department of Health, Education and Welfare.
Dillman, Don A. 1978. *Mail and Telephone Surveys: The Total Design Method*. Wiley Interscience.
Hippler, Hans-J. & Norbert Schwarz. 1986. Not Forbidding Isn't Allowing: The Cognitive Basis of the Forbid–Allow Asymmetry. *Public Opinion Quarterly*, 50(1): 87–96.
Hovland, Carl I., Arthur A. Lumsdaine, & Fred D. Sheffield. 1949. *Experiments on Mass Communication*. Princeton University Press.
Kaplowitz, Michael D., Timothy D. Hadlock & Ralph Levine. 2004. A Comparison of Web and Mail Survey Response Rates. *Public Opinion Quarterly*, 68(1): 94-101.
Kiesler, Sara & Lee S. Sproull. 1986. Response Effects in the Electric Survey. *Public Opinion Quarterly*, 50: 402-413.
Kreuter, Franke eds. 2013. *Improving Surveys with Paradata: Analytic Use of Process Information*. Wiley.
Krosnick, Jon A. 1991. Response Strategies for Coping with the Cognitive Demands of Attitude Measures in Surveys. *Applied Cognitive Psychology*, 5(3): 213–236.
Krosnick, Jon A. & Stanley Presser. 2010. Question and Questionnaire Design. Pp.263-

313, in *Handbook of Survey Research, Second Edition*, edited by Peter V. Marsden & James D. Wright. Emerald.

Kwak, Nojin & Barry Radler. 2002. A Comparison Between Mail and Web Surveys: Response Pattern, Respondent Profile, and Data Quality. *Journal of Official Statistics*, 18(2): 257-273.

Lee, Raymond M. 1993. *Doing Research on Sensitive Topics*. SAGE Publications.

Lee, Sunghee. 2006. An Evaluation of Nonresponse and Coverage Errors in a Prerecruited Probability Web Panel Survey. *Social Science Computer Review*, 24: 460-475.

Likert, Rensis. 1932. A Technique for the Measurement of Attitudes. *Archives of Psychology*. 22: 5-55.

Lyberg, Lars, Paul Biemer, Martin Collins, Edith de Leeuw, Cathryn Dippo, Norbert Schwarz, & Dennis Trewin eds. 1997. *Survey Measurement and Process Quality*. Wiley Inter-Science.

Mahalanobis, P. C. 1946. Recent Experiments in Statistical Sampling in the Indian Statistical Society. *Journal of Royal Statistical Society*, Part IV. 109: 326-378.

Manfreda, Katja Lozar., Michael Bosnjak, Jernej Berzelak, Iris Haas, & Vasja Vehovar. 2008. Web Surveys Versus Other Survey Modes: A Meta-Analysis Comparing Response Rates. *International Journal of Market Research*, 50(1): 79-104.

McNabb, David E. 2014. *Nonsampling Errors in Social Surveys*. SAGE.

Messer, Benjamin L. & Don A. Dillman. 2011. Surveying the General Public Over the Internet Using Address-based Sampling and Mail Contact Procedures. *Public Opinion Quarterly*, 75(3): 429-457.

Odum, Howard W. & Katharine Jocher. 1929. *An Introduction to Social Research*. Henly Holt & Company.

Pew Research Center. 2017. *What Low Response Rates Means for Telephone Surveys*. Pew Research Center.

Schwarz, Norbert. 2009. *Cognition and Communication: Judgmental Biases, Research Methods, and the Logic of Conversation*. Psychology Press.

Schwarz, Norbert, Hans-J. Hippler, Brigitte Deutsch & Fritz Strack. 1985. Response Scales: Effects of Category Range on Reported Behavior and Comparative Judgments. *The Public Opinion Quarterly*, 49(3): 388-395.

Shibutani Hirohide, Masuda Shinya, Murakami Fumio & Yoshimura Harumasa. 2023. A New Type of Screening Necessity We Face with Online Surveys: Evaluating the Function of Instructed Response Items for Identifying Inattentive Respondents, 『青森大学付属総合研究所紀要』, 24(2): 1-12.

Shih, Tse-Hua & Xitao Fan. 2007. Response Rates and Mode Preferences in Web-Mail Mixed-Mode Surveys: A Meta-Analysis. *International Journal of Internet Science*,

2(1): 59-82.
Simon, Herbert A. 1956. Rational Choice and the Structure of the Environment. *Psychological Review*, 63(2): 129–138.
Stephan, Fredrick F. & Philip J. McCarthy. 1958. *Sampling Opinions*. Chapman & Hall.
Tourangeau, Roger, Mick P. Couper, & Fredrick G. Conrad. 2004. Spacing, Position, and Order: Interpretive Heuristics for Visual Features of Survey Questions. *Public Opinion Quarterly*, 68(3): 368–393.
Tourangeau, Roger, Fredrick G. Conrad & Mick P. Couper. 2013. *The Science of Web Surveys*. Oxford University Press.
Vehovar, Vasja, Zenel Batagelj, Katja Lozar Manfreda, & Merka Zaletel. 2002. Nonresponse in Web Surveys. Pp.229-242, in *Survey Nonresponse*, edited by Robert Groves et al. Wiley Inter-Science.
Weisberg, Herbert F. 2005. *The Total Survey Error Approach: A Guide to the New Science of Survey Research*. The University of Chicago Press.

石田浩・佐藤香・佐藤博樹・豊田義博・萩原牧子・萩原雅之・本田則惠・前田幸男・三輪哲 2009.『信頼できるインターネット調査法の確立に向けて』，SSJDA-42. 東京大学社会科学研究所．
江利川滋・山田一成 2023. 第 2 章 複数回答形式と個別強制選択形式の比較（山田一成編著『ウェブ調査の基礎―実例で考える設計と管理』p.31-52．誠信書房．）
大竹恵子 2017.『なるほど！心理学調査法』．北大路書房．
大谷信介・盛山和夫監修 一般社団法人社会調査協会 自治体調査支援委員会編 2025.『自治体アンケート調査ハンドブック―企画・実施・活用のノウハウ―』, ミネルヴァ書房．
大隅昇・前田忠彦 2007. インターネット調査の抱える課題（1）．『日本世論調査協会会報』，100: 58-70.
大隅昇・前田忠彦 2008. インターネット調査の抱える課題（2）．『日本世論調査協会会報』，101: 79-94.
小野寺典子 2002.「非常に」と「かなり」で異なる回答.『放送研究と調査』，52(1): 62–75.
小塩真司編 2024.『心理尺度構成の方法』．誠信書房．
杉野勇・平沢和司編 2024.『無作為抽出ウェブ調査の挑戦』．法律文化社．
鈴木督久 2021.『世論調査の真実』．日経 BP.
髙橋尚也・宇井美代子・宮本聡介編 2023.『質問紙調査と心理測定尺度―計画から実施・解析まで』．サイエンス社．
武田里子 2019. 複数国籍の是非をめぐる国民的議論に向けた試論.『移民政策研究』，11: 31-46.
都築一治編 1998.『職業評価の構造と職業威信スコア』．1995 年 SSM 調査研究会.

日本学術会議社会学委員会 Web 調査の課題に関する検討部会 2020.『提言 Web 調査の有効な学術的活用を目指して』，日本学術会議社会学委員会 Web 調査の課題に関する検討部会．

萩原潤治・村田ひろこ・吉藤昌代・広川裕 2018. 住民基本台帳からの無作為抽出による WEB 世論調査の検証①．『放送研究と調査』，June 2018: 24-47.

萩原牧子 2009. インターネットモニター調査はどのように偏っているのか―従来型調査手法に代替する調査手法の模索―.『Works Review』，4: 8-19. リクルートワークス研究所．

ファラデー，マイケル．1956.『ロウソクの科学』．矢島祐利訳．岩波版ほるぷ図書館文庫．

増田真也・坂上貴之・森井真広 2019. 調査回答の質の向上のための方法の比較．『心理学研究』，90(5): 463-472.

三浦麻子 2020. 心理学的研究法としてのウェブ調査．『基礎心理学研究』，39(4): 123-131.

ミルズ, C. ライト．2017.『社会学的想像力』．伊奈正人・中村好孝訳．ちくま学芸文庫．

山田一成編 2023.『ウェブ調査の基礎：実例で考える設計と管理』．誠信書房．

米盛裕二 2007.『アブダクション：仮説と発見の論理』．勁草書房．

吉田忠 1986. 統計調査における非標本誤差．『統計』，37(3): 12-17.

吉村治正 2017.『社会調査における非標本誤差』．東信堂．

吉村治正 2020. ウェブ調査の結果はなぜ偏るのか― 2 つの実験的ウェブ調査から―.『社会学評論』，71(2): 65-83.

索引

数字・アルファベット

1 画面方式　111
CAPI　25
Control Model　147, 166
Cookie　154-156, 166
CSS　148, 150-152, 166
Data Model　147, 166
DK（don't know）回答　**79**, 80, 93-94
MECE　74, 78
PHP　139-142, 144, 166
QR コード　14, 52, 105, 142
RDD 法　58
Read Write Model　147, 166
SQL　161-162
SQL インジェクション　161-162, 166
UNIX 時間　160-161, 163
View Model　147, 166
Web Application Firewall　156

あ

ウェブアンケートモデル　**146**, 166
ウェブサイト管理パッケージ型　20

か

外的妥当性　63
回答分岐　21-22, 111, **117**, 118, 120-125, 145, 162
回答率　14, 55, **56**, 57-59, 100, 136
確率抽出　**44**, 54-55, 59
偏り　37, **38**, 47-49, 54, 57-59, 80, 136
間隔尺度　**70**, 71-74, 82, 85, 88
完全委託型　21, **22**
逆転項目　**92**, 110

均等目盛　84, **114**, 144
グリッド　**115**, 116, 147
グループウェア型　**18**, 19
クロスサイトスクリプティング　154, 156, 166
傾向スコア分析　63
結果変数　**62**, 64
限定母集団型　**10**, 12-13, 19, 56-57
交絡要因　**62**, 63
コーディング　24, 87, 131
誤差　25, 34-39, 45, 47, 52, 54, 59, 68, 89

さ

サーバ＆モニター提供型　**21**, 22, 111
サーバ提供型　**20**, 21-22, 111
最小限化　**67**, 68, 91, 93-94, 96, 111, 115, 124
指示項目　**95**, 96
自由回答　74, 76, 78, **86**, 87-88, 156
集計誤差　25, **36**
住民基本台帳　12, 15, 45-46, 50-52, 56, 103, 136
集落抽出　43
順序尺度　**70**, 71-74, 78-79, 82, 91
職業的回答者　15, 17
初頭効果　86
信頼性　89, 139
セッション　**154**, 166
セッションハイジャック　155
セルフ型ウェブ調査　23, 134-136
遷移画面方式　82, 111
選挙人名簿　12, 15, 45, 50, 52, 103, 136
測定　**34**, 60-62, 64, **69**, 84-85, 88-89, 92-93, 110, 114

た

体系的誤差　37-38, 47
代表性　**43**, 44, 54, 59, 65
択一式　21, **74**, 76, 78, 80-82, 85, 87, 120, 127-129, **131**, 144-145, 148, 157, 161
妥当性　63, 89
ダブルバーレル項目　109
単極式　83
単純無作為抽出　**44**, 52
チェックボックス　113, **115**, 144, 147-148
中間選択肢　**83**, 84, 96
調査票　14, 24, 26, 57, 60, 66-67, 73-74, 80-81, 86-87, 96-97, 100, 104, 106, 117-118, 133, 135
テーブル構造　157
統制　61-63
登録モニター型　7, **11**, 12-17, 19, 23, 49-55, 59, 65-68, 92, 97, 105, 135-136

な

内的妥当性　63
二群比較　59-61, 65
認知的負荷　67, 90

は

ハッシュ関数　143-144
ばらつき　64
パラデータ　23, 136
非回答誤差　**35**, 59
非標本誤差　34, **36**, 37-39, 68
評定法　74, **82**, 83, 85, 88, 112, 115
標本　7, 11, **25**, 35-36, **42**, 43-44
標本誤差　34, **35**, 36, 52, 54, 59
標本抽出型　7, **12**, 13-17, 19-20, 23, 49, 52, 55-59, 100, 102-103, 105

標本抽出台帳　12, **45**, 46-47, 49-50, 52-53, 103
標本調査　11-12, **42**, 61
比例尺度　**70**, 71-73
フォワード構造　**145**, 146-147, 166
複数回答式　21, 74, **80**, 81-82, 93, 112-114, 120, 127-131, 144
不正回答　17, 68, 97-98
不注意回答（者）　68, **92**, 93-98
プルダウン　74-75, **112**, 113, 144
プレースホルダ　162
文脈効果　91
ボーガス項目　**95**, 96
母集団　**10**, 12, 13, 19, 34-38, **41**, 42-47, 49-57, 59, 65, 136
ホスティングサービス　134, 136-142, 156, 165

ま

無作為割付　6, **61**-62
名義尺度　**69**, 70-72, 74, 78
網羅誤差　**35**, 45, 47

ら

ラジオボタン　**112**, 113-114, 120, 144, 147-150
ランダムな誤差　**37**, 38, 68
リッカート尺度　**88**, 89, 92, 115
両極式　83
レスポンシブウェブデザイン　148, **151**, 166

わ

ワーディング　110
割り当て抽出　52, **53**, 54-55, 59

著者紹介

吉村治正（よしむら・はるまさ）〈イントロダクション〜第 5 章〉
奈良大学社会学部教授。シカゴ大学社会学部（大学院）修了。Ph.D in Sociology. 専門は社会学、社会調査法。著書に『社会調査における非標本誤差』（東信堂、2017 年）ほか。

増田真也（ますだ・しんや）〈第 4 章、第 5 章〉
慶應義塾大学看護医療学部教授。慶應義塾大学大学院社会学研究科後期博士課程単位取得退学。博士（心理学）。専門は社会心理学。著書に『心理学が描くリスクの世界 Advanced ——行動的意思決定の展開』（共編著、慶應義塾大学出版会、2023 年）ほか。

正司哲朗（しょうじ・てつお）〈第 5 章、第 6 章〉
奈良大学社会学部教授。龍谷大学大学院理工学研究科博士後期課程修了。博士（工学）。専門は情報学。著書に『スマートフォンと〇〇の世界〈奈良大ブックレット 10〉』（共著、ナカニシヤ出版、2022 年）。

大学生のためのウェブ調査入門
──社会科学からみた設計と実装

2025年3月15日　初版第1刷発行

著　者─────吉村治正・増田真也・正司哲朗
発行者─────大野友寛
発行所─────慶應義塾大学出版会株式会社
　　　　　　　〒108-8346　東京都港区三田2-19-30
　　　　　　　TEL〔編集部〕03-3451-0931
　　　　　　　　　〔営業部〕03-3451-3584〈ご注文〉
　　　　　　　　　　　〃　　03-3451-6926
　　　　　　　FAX〔営業部〕03-3451-3122
　　　　　　　振替　00190-8-155497
　　　　　　　https://www.keio-up.co.jp/

装　丁─────中尾　悠
組　版─────株式会社キャップス
印刷・製本───中央精版印刷株式会社
カバー印刷───株式会社太平印刷社

©︎ 2025　Harumasa Yoshimura, Shinya Masuda, Tetsuo Shoji
Printed in Japan　ISBN 978-4-7664-3012-7